石油老照片

《石油老照片》编写组 编

石油工业出版社

图书在版编目（CIP）数据

石油老照片 /《石油老照片》编写组编.
北京：石油工业出版社，2025.4. --ISBN 978-7-5183-7369-7

Ⅰ.F426.22-64
中国国家版本馆CIP数据核字第2025VA2809号

出版发行：石油工业出版社
（北京安定门外安华里2区1号 100011）
网　　址：www.petropub.com
图书营销中心：（010）64523731
编辑部：（010）64523592
经　　销：全国新华书店
印　　刷：北京中石油彩色印刷有限责任公司

2025年4月第1版　2025年4月第1次印刷
787×1092毫米　开本：1/16　印张：17
字数：312千字

定　价：58.00元
（如出现印装质量问题，我社图书营销中心负责调换）
版权所有，侵权必究

《石油老照片》编写组

名誉主编：王志明

主　　编：能　源

副 主 编：郑　冰　胡　瑞

成　　员：田　虹　邵冰华　林鹏飞　吴卓雅　陈　晋
　　　　　索常瑞　姜　雪　韩仕清　张孟凡　高亚杰
　　　　　迪拉热·海米提　侯筱晓　李钦昭　孙欣然

前　言

中国石油大学（北京）克拉玛依校区自2015年办学以来，始终立足国家重大发展战略、西部地区经济社会发展和石油石化行业发展需求，不断寻找服务西部建设的着力点和契合点，将"文化润疆"融入办学使命，夯实学生思想根基，引导学生扎根基层、服务国家能源建设。2020年7月7日，习近平总书记给克拉玛依校区首届毕业生回信，肯定他们扎根基层、服务边疆的人生选择，殷切期望青年们把个人的理想追求融入党和国家事业之中，不断展现青春作为、彰显青春风采、贡献青春力量。

为进一步落实立德树人根本任务，抓住理想信念铸魂这个关键，给新时代青年提供丰富的精神食粮，大力营造"学石油、爱石油、献身石油"的氛围，中国石油大学（北京）克拉玛依校区石油学院推出思政教育系列读本，《石油老照片》便是其中一本。《石油老照片》通过探寻石油工业的发展历程中，那些不畏艰难，为国找油的老一辈石油人的照片故事，将那份对国家的忠诚、对事业的执着和其中蕴含的科学家精神传递给当代大学生，激发学生爱国情怀、增强责任感和使命感，引导石油学子们更加深刻地理解自己的时代使命，更加自觉地投身于石油事业，为实现中华民族伟大复兴的中国梦贡献自己的青春力量。

《石油老照片》是一本生动的思政教材，也是一本图文并茂的大众读物。全书聚焦石油工业发展背后的历史、文化以及精神，以图文结合为展现形式，"三老讲三亲"为主要脉络，由老领导、老劳模、老科技人员，提供珍贵的历史照片，并讲述他们亲历、亲见、亲为的历史故事，它不仅是一本读物，更是一扇通往石油精神的时光之门。在这里，读者不仅可以看到石油人辛勤劳作的背影，感受到科技工作者不懈探索的激情，更能听到那些被岁月尘封的故事，触摸到历史的温度。本书作为学校思政教育的载体，旨在为青年学子、石油从业者等广大读者提供一个了解石油文化和石油精神的窗口。

  我们希望，《石油老照片》能够成为读者青睐的学习资源。我们期待，读者在阅读过程中能够从这些珍贵的老照片和感人的故事中深入了解石油工业的光辉历程，感悟石油人的崇高精神，并汲取前行力量。在这个"读图时代"，让我们共同翻开这本凝聚着石油人智慧和汗水的读本，以先辈的奋斗为镜，以石油精神为引，在新的历史征程中谱写属于青年的华彩乐章！

珍藏篇

毛主席戴上了红领巾（牛庆玮　刘积舜　马梦华） /2
毛主席关心人造石油工业（郑　冰） /5
毛主席和北京石油学院学生的合影（刘　洋） /8
周总理赠送给我们的一台机床（张大宇） /10
"柴达木之宝"的由来（李玉真） /12
朱德委员长给北京石油学院毕业生的回信（秦莹莹） /17

人物篇

坚守初心徐今强（王炳诚） /20
"央企楷模"陈建军（王玉华） /32
光荣的信仰（石　东） /39
白羽飞大漠（王志明） /49
华罗庚与石油（王志明） /59

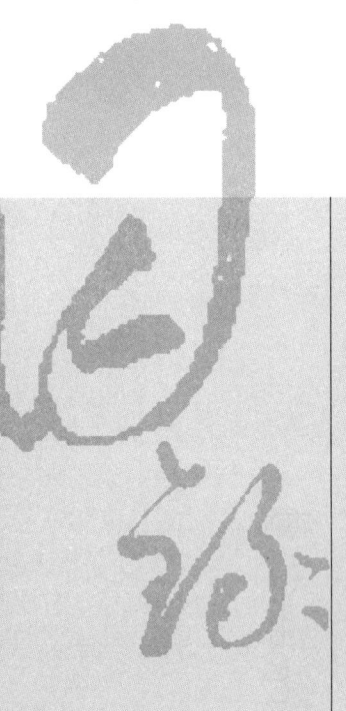

会战篇

到祖国需要的地方去（王炳诚）	/70
油海钩沉（蒋其垱）	/87
"沙海之谜"诞生记（向　前）	/98
赤胆忠心为航油（郑　冰）	/106
一首歌曲伴我行（阳柊杉）	/115
油田壮歌（王志明）	/121

创业篇

大庆石油首次出口日本（梁三河）	/134
油海塔林拼一生（郑　冰）	/138
油煤相伴六十载（刘振声　芷　水）	/145
刘肖无与克拉玛依（程部玟）	/151
"送中南海油样"回家（陈爱忠　张春辉　张　坤）	/158
巾帼英雄展豪情（刘凤英　丁　薇）	/165
白洋淀里找油忙（姚治晓　王利敏　牛艳芹）	/171
石油人捐献飞机始末（郑　冰）	/179
体育精神是一笔宝贵财富（马燕丽）	/186
复活的生命之路（刘树英）	/195

家族篇

我改名字叫"铁夫"（王铁夫） /202
我们家的老相册（刘巍巍） /208
"可以啦"一家（陈尔东） /214

情感篇

"和平鸽"落在松树上（朱小鸽） /226
两个家庭的故事（之一）（艾尔肯·阿布力米提） /234
两个家庭的故事（之二）（杨昌英） /241
珍贵的记忆（尹相庆　唐春梅） /246

后　记 /262

珍藏篇

　　历史没有剧本，却激励着人们不断地书写它，记录它。多少跌宕起伏，多少历史性的转折，多少撼动人心的关键时刻汇成铿锵的时代正剧，激励着一代代石油人。少先队员蒋含宇、彭淑清亲手为毛主席戴上了红领巾，一张照片成就了一段姻缘。毛主席关心人造石油工业，成为鼓舞抚顺石油人搞好第二个五年计划建设的巨大精神财富。周总理赠送的机床跟随北京石油学院从北京迁到东营再到青岛，在学校发展的各个时期，一直为学校教学、科研发挥着实践育人和文化传承的功能。朱德委员长给北京石油学院毕业生的回信，影响无数学子奔赴祖国最需要的地方，从此克拉玛依、青海、甘肃到处盛开石油花，竖起的井架流淌出源源不断的工业血液，激励着一代代石油人砥砺前行。

毛主席戴上了红领巾

牛庆玮　刘积舜　马梦华

"毛主席戴上了红领巾",这张曾收录在小学课本的照片,在那个年代家喻户晓。诗人臧克家专门为照片题诗:"毛主席戴上红领巾,少先队里高大的人,笑得风要把人身撼动,纸面上仿佛听出声音。"毛主席左右两边依偎着的两位少先队员,男孩叫蒋含宇,女孩叫彭淑清,他们因照片而结缘,12年后结为伉俪。

◎ 1959年6月26日,毛主席来到韶山学校,蒋含宇(右一)和彭淑清(左一)给他戴红领巾。后来彭淑清就读北京石油学院,蒋含宇考入人民大学,毕业后两人结为伉俪

1959年6月25日，毛主席回到阔别32年的故乡韶山，抚今追昔，感慨万端，挥笔写下了《七律·到韶山》。其中的诗句"为有牺牲多壮志，敢教日月换新天"气势恢宏，荡气回肠。在韶山，毛泽东主席重访旧居，进行社会调查，宴请父老乡亲，祭扫父母坟茔，畅游韶山水库……他的归来，给韶山带来"真正的节日"。乡亲们奔走相告，一时间，韶山成了欢乐的海洋。

6月26日，毛主席要到韶山学校视察。学校选定蒋含宇、彭淑清代表韶山少年给主席献花，并赠送红领巾。这可是个不同寻常的光荣任务啊！两人反复练习动作，四处寻找鲜花，激动得几乎一夜都没睡。26日上午7点多钟，毛主席从旧居向韶山学校的方向走来，打着一把遮阳伞，步伐矫健有力。有一位同学最先发现毛主席走来，就大声喊："毛主席来了！毛主席来了！"全校师生立即欢呼着涌出校门。

毛主席在欢迎人群中穿行，离学校越来越近，眼看即将走上通往学校的儿童桥，蒋含宇、彭淑清飞快地跑到主席面前，先向毛主席行了个队礼，然后，把两束带着露珠、满含韶山少年儿童爱戴之情的鲜花献给了毛主席。接过鲜花，闻着故乡的芬芳，主席微笑着问他们："你们多大了？几年级？""14岁，上初二。"毛主席微笑着点点头："要努力学习，争取做个好学生。"聆听着毛主席的教诲，两位少先队员激动得泪花涌出了双眼。欢迎的人群不断地鼓掌欢呼。少先队员们簇拥着毛主席一起沿坡而上，向校园走去。毛主席一边走，一边和师生们握手问候。来到学校大门口，他凝视着自己1953年题写的"韶山学校"校名，深情地伫立了一会儿。

进了校门，毛主席和师生们边走边聊，兴趣盎然。看到学校正在扩建，毛主席感慨道："学校变化不小。"听到主席的称赞，大家忙说："主席，我们勤工俭学，正在打地基建房子；学校里种的蔬菜也自给有余哩！"当听到学校的初中部是由小学部扩展而来的时候，毛主席高兴地说："原来你们是中小学并举啊！"当得知学校不久还要办高中时，毛泽东又夸道："那你们是要搞一条龙。"说得大家都笑了。

毛主席又来到中学部斜坡的石阶旁，看见那里站满了老师和学生，就停下来要和大家一起照相。这时，有老师提醒大家："先向毛主席献红领巾，然后合影留念。"蒋含宇走到毛主席跟前，恭敬地行了个队礼，踮起脚尖把红领巾系在他的胸前。毛主席抚摸着胸前的红领巾，和蔼地问蒋含宇："你真的把红领巾送给我啦？"蒋含宇点点头，回答说："真的！"毛主席幽默地对大家说："那我就把红领巾带到北京去。我现在又年轻了，变成少先队员了！"逗得大家都笑了，毛主席也笑了，笑得那样开心，那样爽朗。摄影师侯波迅速按下快门，定格了这张被称为"仿佛能听出笑声"的照片。临别时刻，全校师生恋恋不舍地目送毛主席，情不自禁地唱起了《东方红》《歌唱社会主义祖国》，同时高呼："毛爷爷，再见！毛主席万岁！"

向毛主席献花和红领巾，并和他老人家合影，是蒋含宇、彭淑清终生难忘的大事："我们既感到激动，也深受鼓舞，对我们今后的人生道路也产生了重要影响。"没多久，蒋含宇、彭淑清得到了那幅珍贵的合影照，就郑重地在照片下方写下了"幸福的会见，巨大的鼓舞"。几十年来，这幅照片一直珍藏在身边，他们说："我们从中汲取了极大的前进力量和勇气。"

为主席献花、戴红领巾的这份荣耀，给了两人极大的鼓舞，他们暗暗下定决心更要好好学习，不要辜负毛主席老人家的期望，将来考上北京的大学，"待在"主席的"身边"。1963年，两人如愿以偿，蒋含宇考上了中国人民大学国际政治系，彭淑清考上了北京石油学院机械系。大学期间，同乡、同窗、好友的情谊渐渐升华，临毕业那年，两个人相恋了。

1968年大学毕业时，蒋含宇、彭淑清面临人生的第一次重大选择。响应毛主席、党中央的号召，服从国家需要，他们共同选择了面向工厂、面向农村、面向基层。蒋含宇被分配在凌源县农村锻炼，彭淑清则分配到锦西石油五厂。1971年，两人在凌源县结婚。

◎ 蒋含宇、彭淑清夫妻结婚照

尽管有着在毛主席身边的荣耀，但蒋含宇、彭淑清却从不张扬，直到1976年毛主席逝世后，这张照片经全国40多家媒体报道才被熟知，他们俩也因此被称为"中国第一幸运伉俪"。

2019年4月19日，在庆祝中华人民共和国成立70周年、照片公开发表60周年之际，彭淑清及蒋含宇（曾任中国石油化工股份有限公司江西石油分公司原党委副书记、纪委书记）重回彭淑清母校——中国石油大学（华东），并向学校捐赠与毛泽东主席相关的油画《求索》及图书、工艺品等珍贵历史资料。学校将油画《求索》展陈在了校史陈列馆，成为师生校友爱国主义教育的优质素材。

毛主席关心人造石油工业

郑 冰

1958年2月13日，毛泽东视察抚顺，对油母页岩开发利用做出重要批示。

抚顺，1953年被确定为中央直辖市。当时是全国十大重工业城市之一，为新中国的建设做出过重要贡献。抚顺西露天矿位于浑河南岸，矿坑东西长6.6千米，南北宽2千米，总面积为13.2平方千米，开采垂直深度为388米。西露天矿盛产优质煤炭，煤层上方的油母页岩储量也十分巨大。油母页岩通过高温干馏可制取人造石油。1928—1939年，日本人在此建立了三个人造石油厂（现石油一厂、石油二厂、石油三厂。）

◎ 1957年，第一个五年计划完成后石油一厂职工巡游庆祝场景

2月13日9点30分，毛主席视察抚顺西露天矿，他接过工作人员拿过来的一块油母页岩仔细观看，并做出指示："抚顺是以燃料为主的综合性重工业城市，煤的埋藏量很大，质量很好，油的需求量逐年增加，煤中含有很多油的成分，要研究如何把煤中油的成分提炼出来，综合利用，在这方面要很好地研究，这是今后发展的一个重要方面，搞综合利用，中央支持你们搞，要钱给钱，要物给物。"①

有关这段叙述在陪同毛泽东主席的几位随行领导的回忆中也有相关记述。沈越（时任辽宁省委书记）和王海之（时任抚顺市市长）的回忆录中都有记述。关于煤的综合利用，毛主席指示："为什么不用煤炼油呢？不要将煤白白烧掉。""煤的综合利用要好好研究，这是今后发展的一个重要方面。""煤的综合利用是一个很重要的发展方向，你们要好好研究。"

遵照主席"煤的综合利用"的指示，同年3月8日，中共抚顺市委向辽宁省委、国家计委呈报《关于以炼油为核心实行抚顺动力煤炭综合利用问题的报告》。内容涉及煤炼油、煤化工，如扩建抚顺化工厂，为了油母页岩的综合利用，建议中央开发东露天矿，改扩建石油一厂、二厂、三厂，搞好原油一次、二次、三次的深加工，还有粉煤灰的利用及大量推广。

这份《报告》呈送后，辽宁省委专门派人进京向国家计委做了汇报。1958年冬，时任国务院副总理的陈云同志专程到抚顺调研，解决煤的综合利用和页岩油炼制问题，推动石油一厂、二厂、三厂改扩建工程。石油一厂九部干馏，石油二厂第二期新建工程，石油三厂烟煤低温干馏焦油高压加氢装置等相继建成投产。柴油、石蜡、石油焦、润滑油、润滑脂等产品合格率不断提高，年度石蜡出口量达1000吨。到1960年，抚顺石油产品增加到45个品种，是新中国成立前的3.5倍，石油一厂也成为当时国内生产石油品种最多的炼厂，抚顺各石油企业的优质人造石油产品从抚顺走向祖国各地，为新中国社会主义建设做出了突出的贡献。

"时光叹荏苒，岁月揽风流。"今天的抚顺石油工业已不同往昔，生产原料主要为大庆原油和沈北原油，原油一次、二次加工能力均为1100万吨/年，化工产品的生产能力也已达360万吨/年。重塑历史的新征程已经开启，但伟人的殷殷嘱托不会忘记，城市发展的足迹不可磨灭，企业的文化基因和精神密码亦将永世传承。

---

① 摘自抚顺市档案馆《毛主席1958年视察抚顺时做的重要指示》。

中共抚顺市委关于以炼油为核心，实行抚顺动力煤综合利用问题向中共辽宁省委的报告

省委：

关于抚顺动力煤的综合利用问题，最近我们组织专门力量进行了调查研究，现将市委《关于以炼油为核心，实行抚顺动力煤综合利用问题的报告》报上，请省委批示，并转报中央。

中共抚顺市委员会
1958．3．8

◎《中共抚顺市委关于以炼油为核心，实行抚顺动力煤综合利用问题向中共辽宁省委的报告》原文

关于以炼油为核心实行抚顺动力煤综合利用问题的报告

中共抚顺市委员会

关于抚顺动力煤的综合利用问题，我们反复研究有关各方面的资料，与各方面专家讨论后得出结论：抚顺动力煤资源丰富，煤的含油率高粘结力小。煤加工后可取得石油及化肥、合成纤维、合成橡胶、塑料等重要化工原料，但目前都是直接当作燃料烧掉，实为可惜。抚顺动力煤如加以综合利用，不仅可以充分利用自然资源，物尽其用，减少浪费，而且具有满足国民经济大量重要产品需要，投资较少，产品成本较低，建设条件较好的综合性优越性。因此，从国家与抚顺地区来看，抚顺煤的综合利用，应当是在实现十五年赶上和超过英国的政治任务中一项重要的工业建设政策。

抚顺西部煤田的煤（西露天矿、胜利矿）含油量达13%—40%，粘结力较东部煤小，适于低温干馏与压力汽化炼油。动力煤可来依2月矿务局规划1962年后每年可采724万吨，可采年限37年，国务院1956年初曾决定筹建抚顺煤炼油厂，在捷克专家帮助下，已进行了厂址选定并已经国家建委批准，但在六中全会后，经

◎《关于以炼油为核心实行抚顺动力煤综合利用问题的报告》——抚顺市档案馆1-11-24卷

◎ 石油一厂润滑油车间工人在组织生产

毛主席和北京石油学院学生的合影

刘 洋

在中国石油大学校史馆里，有一幅毛泽东主席、周恩来总理、朱德副主席、宋庆龄副委员长和一群北京石油学院青年学生的合影。这张照片是校友韩显卿在母校三十年校庆时赠送给学校的。

照片拍摄于1956年11月6日，北京石油学院十余名同学作为学生代表受邀去北京机场欢送来我国访问的印度尼西亚总统苏加诺离京，党和国家领导人毛泽东、周恩来、朱德、宋庆龄、贺龙、聂荣臻、彭真等在机场与苏加诺总统告别。北京石油学院开发系二年级女学生韩显卿等代表北京女青年向苏加诺总统献花，因而离毛主席和周总理很近。飞机离京后，同学们围到主席和总理身边，韩显卿同学握住毛主席的手激动地报告说："我是北京石油学院的。"毛主席微笑着，亲切地招呼大家说："照相吧。"于是，在总理的安排下，学生们围着毛主席站成一排，有记者拍下了这张珍贵的照片。

◎ 1953年4月，北京石油学院开工建设，图为建校初期的简易校门

◎ 位于北京海淀区学院路20号的北京石油学院主楼

朱德副主席十分关心北京石油学院，用四川口音询问韩显卿同学："是哪年到的北京？学的什么专业？"旁边的聂荣臻同志听韩显卿是学石油开发后马上说道："我们可少不了你们啊！"同学们向首长表示：毕业后我们要到基层厂矿去！到克拉玛依去开发石油！聂荣臻同志故意激姑娘们说："克拉玛依苦，又是沙漠，又没有好吃的，气候又不好。"同学们响亮的回答："我们不怕！"彭真同志在旁边笑着接话说："他们入学前就做好思想准备啦！"同学们都点点头，机场洋溢着一片笑声。

　　拍照后，记者叫我们到《人民日报》或者新华社去取照片，周总理听见了，就对记者说，请他们洗好后寄给同学们，叫同学们把姓名和地址留下。最后他开玩笑地说："你们都该谢谢我。"同学们都笑了。

　　为了发展石油工业，1953年成立的北京石油学院，是新中国第一所石油高校，肩负着为国家石油工业发展培养人才和提供技术的使命。学院的发展受到了党和国家领导的关心和重视。建校70多年来，为国家石油石化领域培养了大批高层次人才，为新中国石油工业和石油高等教育的发展做出了重要贡献。

周总理赠送给我们的一台机床

张大宇

这是一台由美国南本德车床厂生产的 9 英寸精密机床，这台机床由周恩来总理于 20 世纪 50 年代代表国务院赠送给北京石油学院，目前陈列在中国石油大学（华东）校史馆里。

◎ 20 世纪 50 年代，周恩来总理赠送给北京石油学院机械厂的 9 英寸精密机床

中华人民共和国成立初期，百废待兴，工业基础薄弱，1950年8月24日，周恩来在参加中华全国自然科学工作者代表会议讲话时强调：中华人民共和国成立后，人民所接收的"旧中国满目疮痍，是一个破烂摊子"，在这个破烂摊子上进行建设，首先必须医治好战争的创伤，恢复被破坏的工业和农业，在工业方面要用好机床设备，合理安排生产。到20世纪50年代，联合国教科文组织为帮助新中国开展工业生产，给中国捐赠了一批工业设备，该机床就是当时的其中一件。1953年，北京石油学院成立，在学院建校初期，周恩来总理代表国务院将该机床转赠给了北京石油学院机械厂。

1958年，北京石油学院机械厂在拥有部分设备基础上，开始由一个单纯供学生实习的工厂逐步发展成为结合专业的生产性工厂，同时开始逐步探索如何全面完成教学、生产、科学研究设备加工三方面的任务。当时的机械厂既要完成教学和科学研究对工厂提出的任务，也要完成生产任务，同时在工厂专门设置了负责学生劳动实习的教育组。通过贯彻以教学为主、合理安排全年生产时间和产量、人人参与教学、严格执行考核制度等方式，用六年的时间逐步形成了产学研相结合的协同育人模式。1964年3月8日，《光明日报》头版头条对北京石油学院机械厂的做法进行了报道，专门总结了举办生产性工厂的优点，对北京石油学院产学研协同育人模式做法给予了充分肯定。

该机床作为北京石油学院机械厂的早期设备之一，跟随学校从北京迁到东营再到青岛，在学校发展的各个时期，一直为学生实践教学中所使用，在实训教学、科研生产中发挥了重要的实践育人和文化传承功能，见证了学校产学研协同育人的发展历史。周总理赠送的这台机床如今陈列在中国石油大学（华东）校史馆中，这件"镇馆之宝"成为爱国主义传统教育的生动"教材"。

"柴达木之宝"的由来

李玉真

2009年国庆期间，北京展览馆展出"新中国60周年成就展"，其中就有"柴达木之宝"。退休在北京的青海石油管理局原文联主席杨振观展时发现了它，激动万分。那是一个用产自当地的透明的岩盐制作的大约一尺多高的凸形小博物架，6个格分别摆放着装有石油样品的玻璃小瓶（废弃的青霉素药液小瓶），正中间下方是一块黑色地蜡。后面有一个黑木架的玻璃框，是为保护"柴达木之宝"而精心制作的。框架的右上方用红漆写着"将柴达木之宝献给敬爱的恩来"，框架左下侧写着"青海石油勘探局 一九五六·二"。

◎ "柴达木之宝"现存放于中国地质博物馆

青海石油勘探局是青海石油管理局的前身，石油探区在柴达木盆地的戈壁荒漠和雪山峻岭。青海油田是世界上海拔最高的油田，也是中华人民共和国成立初期的第四大油田。送给周总理的"柴达木之宝"是青海油田最早开采出的石油样品。它们凝结着柴达木第一代石油地质队员、第一代石油工人对祖国的热爱与强烈的责任感。为了找到它，这一批勇士不惜抛洒血汗与牺牲生命。

这要从青海油田的创建说起。

1953年，中国开始了第一个五年计划。中华人民共和国百废待兴，石油资源严重短缺，石油工业在全国工业战线中还是一个薄弱环节。毛泽东主席、周恩来总理等国家领导人曾征询地质部部长、著名地质学家李四光的意见。毛主席说，国家要建设，石油是不可缺少的，天上飞的，地下跑的，没有石油都跑不动。李四光说，我坚信，在中国辽阔的土地上，天然气、石油的储量是相当丰富的，关键是要抓紧做地质勘探工作。根据国家的计划部署，以西部为重点的石油普查和勘探工作迅速展开。

据《青海省志·石油工业志》记载，1954年，进入柴达木的第一支勘探队——柴达木地质大队，发现地质构造18个，油苗9处。初步查明了盆地西部第三系含油层系的分布，找到了可供钻探的有利构造。1955年1月，第六次全国石油勘探会议确定柴达木盆地为1955年勘探重点。燃料工业部从陕北等地调集4000多人进军柴达木，并于6月1日成立青海石油勘探局，由张俊任党委书记兼局长，准备开展更大规模的地质普查和局部详查、细测工作。同年7月，国家成立了石油工业部，由李聚奎任部长，开始了全国石油工业的勘探、生产及建设工作，用三分之二的勘探力量集中在酒泉、潮水、民和、准格尔、吐鲁番、柴达木等盆地的局部地区。

这期间有三支石油地质队伍先后来到柴达木盆地，相互配合，协同勘查，为柴达木盆地早期石油勘探开发做出了重要贡献。他们是632石油普查大队、以1954年进盆地的柴达木地质大队为基础建立的青海石油勘探局地质队、由中国科学院负责组成的柴达木石油研究队。20世纪50年代一批在全国艰苦环境勘探找矿的功勋地质队，被周恩来总理称为"中国地质尖兵"。

632石油普查大队就是在这种背景下，于1955年夏奔赴青海柴达木盆地。柴达木盆地原始荒凉，海拔3000米左右，高寒缺氧，干燥少雨，寒冷多风。在这样恶劣的自然条件下，5个分队分别在昆仑山脚下、那棱格勒河两岸、大小柴旦、冷湖、马海、鄂博梁等地进行地质普查。一分队30名勘探队员，是在柴达木中部黑色的赛什腾山下落脚，开始了周边的地质勘查。这个地方就是后来的冷湖老基地。因为离老基地西北十多千米的

石油老照片

◎ 1954年，首次进入柴达木盆地的地质人员和护送他们的解放军战士在一起

◎ 战斗在柴达木盆地的第一支女子地质队——125地质队（1956年合影）

珍藏篇

方向有一个小淡水湖，游牧的蒙古族牧民叫它昆特依，翻译成汉语就是冷湖，所以，地质队发现的石油构造分别称为冷湖一号、冷湖二号——冷湖七号构造。随后对由此组成的冷湖构造带进行了地质调查。

1955年，三支队伍协同勘查，又发现99个可能储油构造。这一年，在全盆地地质调查取得重要成果的基础上，青海石油勘探局决定在西部地区选择有利构造进行钻探，争取突破，然后向中部、北部发展。油泉子构造是第一个进行深井钻探的构造，地质工作者将其命名为沥青嘴。

11月24日，举行油泉子油1井开钻典礼时，由青海省委副书记朱侠夫任团长、青海省副省长马辅臣任副团长的青海省党政军代表团前去慰问，参加典礼。

12月12日，钻至360米时井口溢出原油，原油比重很轻，轻质油含量高达68%。油1井喜喷工业油流。这是柴达木石油工业踏上的第一个台阶，预示着石油勘探开采的美好前景。于是，1956年2月，青海石油勘探局精心制作了"柴达木之宝"，献给敬爱的周总理。这也是石油地质队伍和青海石油人为祖国找石油、献石油的见证。

6瓶"柴达木之宝"分别注明了它的名称：有两瓶是油泉子原油，有一瓶是油泉子石蜡，还有一瓶是地蜡，其余是油泉子的原油蒸馏产品汽油和煤油。

也正是泉1井喜获工业油流，青海石油勘探局机关从西宁迁往柴达木老茫崖，石油队伍迅速壮大，一座帐篷城像一大片莲花在戈壁上绽开。1956年9月5日，当《人民日报》发表题为《支援克拉玛依和柴达木油区》的社论，柴达木石油工业引起全国人民关注的时候，或许有不少中央领导正在观赏那6个小瓶子里的黑石油呢。

632石油普查大队1955年发现冷湖石油构造带，为柴达木油田的建立立下了汗马功劳。1956年5月5日，632石油普查大队对冷湖四号构造进行钻探，钻遇浅油层，原油喷射达20米。之后，青海石油勘探局决定对冷湖五号构造进行钻探，部署在构造高点上的地中4井，于1958年8月21日由1219钻井队施工开钻，9月13日，钻达650米后发生井喷，日喷原油高达800吨左右。由此发现冷湖油田。1959年元旦，青海石油勘探局改为青海石油管理局。同年2月20日，首车原油运往兰州炼油厂。油田的工作重点东移，石油队伍逐渐向冷湖集中。

送给周总理的"柴达木之宝"，是石油成果的展示，也表达了石油人继续为祖国开采石油的信心和决心。柴达木石油人一代代开拓进取，到2022年，青海油田已经发现34个油气田，累计生产油气当量1.5亿吨，加工原油3399万吨。油气当量连续11年稳产。累计向西藏、西宁、兰州、银川、北京等地外输天然气超1000亿立方米。

◎ 1985年6月22日，南翼山构造第7号井井喷失控着火，柴达木人奋战井喷，1986年9月6日压井封堵成功（梁泽祥 摄）

  杨振在"新中国60周年成就展"上发现送给周总理的"柴达木之宝"，已是展览最后一天。之后，青海油田北京办事处主任马锋辉派车送我与杨振去国土资源部寻找"柴达木之宝"并查询详情，最后我们在中国地质博物馆找到了"柴达木之宝"。有关负责人说，20世纪50年代青海石油勘探局把"柴达木之宝"送给周恩来总理之后，周总理办公室转送给了地质部，地质部又送给地质博物馆永久保存。这次"新中国60周年成就展"的矿产资源展区就是中国地质博物馆负责组织和提供展品的。但是关于"柴达木之宝"的详情还不清楚。可喜的是"柴达木之宝"一直被保护得完好无损。

  杨振用尺子仔细量了"柴达木之宝"展柜、瓶架的尺寸，从各个侧面拍了照片，并把寻找过程及我们了解的情况写了文字材料，一并寄给青海油田宣传部部长石力。

  2010年6月，庆祝青海石油管理局建局55周年时，我与杨振去了青海油田，参观了在科技馆举办的青海油田局史展览。我们看见了复制的送给周总理的"柴达木之宝"。回顾柴达木石油勘探开发史，怎能忘记早期奔赴柴达木的所有地质勘探队员和石油人的英雄业绩。他们的无私奉献、艰苦奋斗的精神也是"柴达木之宝"，要一代代传下去。

朱德委员长给北京石油学院毕业生的回信

秦莹莹

这是珍藏在中国石油大学（华东）档案馆里的一封朱德副主席写给北京石油学院毕业生的回信。这封信的发信日期是1957年12月17日，由朱德副主席用毛笔亲笔签名。他在信中说："不久以后，你们将走上工作岗位，你们所从事的工作，对祖国的工业化事业有重大的意义。""祖国和人民的利益在期待着你们以高度的热情和毅力，把祖国的石油资源开发出来。"朱德副主席的信最后说："希望你们以艰苦奋斗和不怕任何困难的精神承担起建设社会主义和共产主义的伟大任务。"

1957年冬天，北京石油学院钻井专业54级的学生即将要毕业了，他们给敬爱的朱德副主席写了一封信，希望在毕业前得到他老人家的一些教导和期望。过了不久，北京石油学院钻井专业的学生就收到了朱德副主席的回信。朱德副主席来信的喜讯像插上了翅膀，飞向北京石油学院的各个角落，极大地鼓舞着即将毕业的同学们。大家激动地说，朱德副主席是这样理解我们青年人的心情，我们一定要遵从他老人家的教导，决不辜负老一辈革命家的期望。同学们纷纷表示，要到祖国最困难的地方去，到克拉玛依、到青海、到甘肃去、到祖国最需要的地方去，要像朱老总所要求的"以艰苦奋斗和不怕任何困难的精神"，在祖国的油田上，用自己的双手竖起森林般的井架，钻穿那深厚的地壳，让工业的血液——石油源源不断地流出，滋润祖国的各行各业。

这份档案反映了当时北京石油学院师生坚持"祖国的需要就是我唯一的志愿""到祖国最需要的地方去"，他们急新中国建设之需，他们中间的许多人，先是奋斗在克拉玛依油区、祁连山下、嘉陵江畔、青海的冷湖或玉门的老君庙，后又转战大庆、胜利、华北、江汉等油田，历尽了"为石油而战"的艰辛，也饱享了"我为祖国献石油"的自豪和喜悦。华东石油学院时期的师生坚持"学石油、爱石油、献身石油"的无私奉献；石油大学时期的毕业生坚持"艰苦奋斗、扎根基层、献身事业"，中国石油大学时期的师生将青春理想信念共同凝聚成"家国同心、艰苦奋斗、惟真惟实、追求卓越"的石大精神，把青春与热血奉献给了祖国的建设事业，穷尽一生执着于自己的理想信念，像朱德副主石油学院钻探系钻井专业四年级三班全体青年同志：

你们的来信收到了。因我最近工作比较忙，不能来看望你们，请原谅。

不久以后，你们将走上工作岗位，你们所从事的工作，对祖国的工业化事业有重大的意义。石油是我国目前最感缺乏的物资，也是国家工业化过程中十分需要的物资。祖国和人民的利益在期待着你们以高度的热情和毅力，把祖国的石油资源开发出来。

把贫穷和落后的过渡时期的中国变为富强和先进的社会主义工业化的中国，这是一个伟大的事业，但也是一个困难的事业。希望你们以艰苦奋斗和不怕任何困难的精神承担起建设社会主义和共产主义的伟大任务。

　　祝
你们好！

朱德
一九五七年
十二月十七日

◎ 1957年12月17日，朱德写给石油学院钻探系钻井专业四年级三班全体青年同志的回信

席在给北京石油学院毕业生信中所嘱咐的那样，"以高度的热情和毅力"，为"把祖国的石油资源开发出来"而奋斗着。

人物篇

　　一代人有一代人的激情岁月，一代人有一代人的人生历程，但始终不变的就是作为共产党员为人民谋幸福，为中华民族谋复兴的使命担当。解放上海的战火硝烟还未消散，徐今强就受命接收国民政府资源委员会中国石油公司，任军事代表，后任燃料工业部石油管理总局副局长，代局长，石油工业部副部长，兼任大庆油田工委书记、总指挥等领导职务，《坚守初心徐今强》通过作者与他相处的亲身经历，让人感受到一名老共产党员的信仰与追求；"铁人式的共产党员"王光荣践行入党誓言，用自己的行动证明自己无愧于共产党员的光荣称号；著名作家刘白羽和著名数学家华罗庚也与石油有不解之缘；"央企楷模"陈建军，一片丹心照玉门，他把毕生的精力和心血都倾注在推进玉门油田发展上……

坚守初心徐今强

王炳诚

◎ 解放战争时期的徐今强

徐今强部长是我最尊敬的一位领导者。他的高大形象永远在我的记忆里。他永远是我学习的榜样!

徐今强1938年参加革命,在抗日战争和解放战争时期,先后在新四军和华中局从事情报和联络工作。1949年6月,解放上海的战火硝烟还未消散,他就受命接收国民政府资源委员会中国石油公司,任军事代表,后任燃料工业部石油管理总局副局长、代局长,石油工业部副部长、煤炭工业部部长。

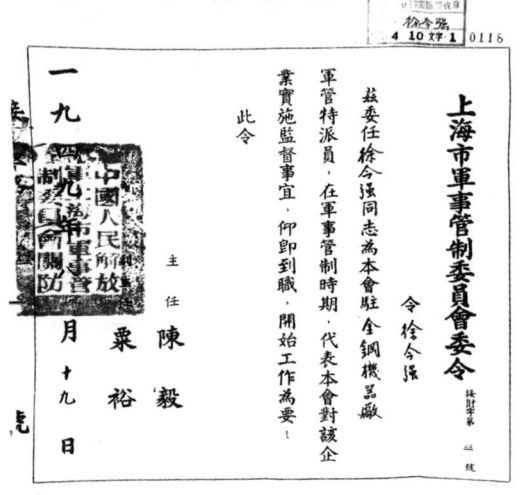

◎ 1949年8月19日,徐今强被任命为上海市军事管制委员会特派员

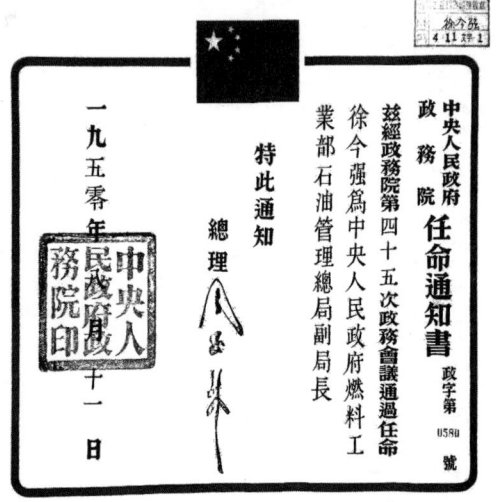

◎ 1950年8月11日,徐今强被任命为中央人民政府燃料工业部石油管理总局副局长

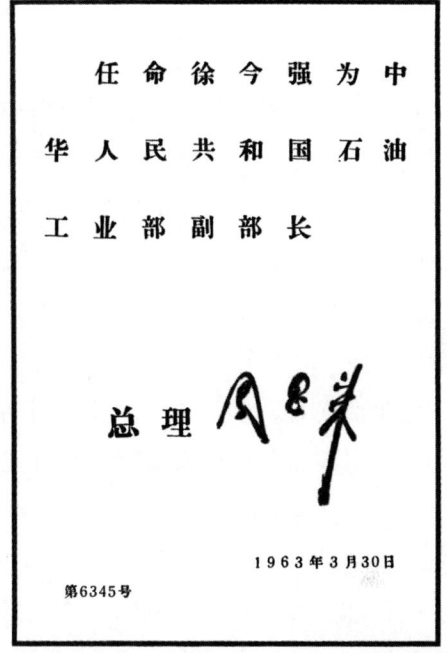

◎ 1956年4月,徐今强被任命为中华人民共和国石油工业部部长助理

◎ 1963年3月30日,徐今强被任命为中华人民共和国石油工业部副部长

一、第一次见面

我第一次见到徐今强是在20世纪50年代初。那时,我是中苏石油公司独山子钻井处的一名司钻。1953年当选为燃料工业部石油管理总局特等劳动模范,当年应邀参加首都国庆观礼。石油管理总局代局长徐今强,在秦老胡同总局办公地点,接见了我们五名模范。他身着蓝布中山装,和我们亲切交谈,勉励我们不要满足取得的成绩,以后要更努力学习,勤奋工作,要把苏联专家的经验学到手,为发展我国石油工业做出更大的贡献。他那平易近人、和蔼可亲的音容笑貌和关怀同志的话语使我久久不能忘怀。他的教诲,多年来激励我自强不息。10月1日这一天,一大早他就让我们和他一起坐上轿车去天安门广场参加国庆观礼,一直把我们送到新疆代表团那个观礼台。在那难忘的时刻,我含着热泪,心情激动地看到了站在天安门城楼上的伟大领袖毛主席和刘少奇、周恩来、朱德等老一辈革命家。

二、朝夕相处整三载

1964年初，徐今强副部长到大庆兼任油田总指挥、工委书记。

当时，我是大庆石油会战指挥部副指挥兼总工程师，分管全局生产技术和科研工作，庆幸能在自己一向尊重的革命前辈的领导下工作。1964—1966年，我几乎和徐今强同志朝夕相处。他是我们领导集体的班长，也是我们的榜样。他艰苦朴素，廉洁奉公，尊重客观，尊重科学，做事深思熟虑，很少即席讲话。他对待下级和同事，既严格要求又亲切关怀。

他生活简朴，多年来冬天穿一件棉中山装，夏天穿着布制服装。他吃饭可随便了，早上一碗阳春面，一小碟咸菜，有时就着他爱人唐亚芳同志带过来的醉泥螺，中午和晚饭别人吃什么他就吃什么，从来不让炊事员专门为他炒菜。有一次，他接待一位兄弟国家的高级官员，不能穿棉制服去，临时向我借了一件呢子大衣，算是完成了一次接待任务。1964年，罗马尼亚共和国总理毛雷尔访问大庆油田，徐今强陪同参观，由我介绍大庆钻井情况。1964年9月19日，朝鲜民主主义人民共和国主席金日成作为第一位到访大庆油田的外国元首参观大庆油田。参观由中国人自己设计施工、主要设备由中国自制的大庆炼油厂、开钻中的松基六井（当时已钻进4068米）、代表油田管理和采油工艺水

◎ 1964年夏，大庆油田会战指挥部领导合影，前排左六为徐今强

平的6排17井等。石油工业部副部长、松辽会战指挥部指挥徐今强到哈尔滨迎接金日成。在与徐今强的交谈过程中，金日成对于大庆油田建设分散居民点、家属组织起来搞生产、存余粮建粮库的做法十分肯定。在参观访问炼油厂后，金日成表示要继续学习中国的建设经验，在朝鲜的下一个七年计划中考虑建设一个一百万吨到二百万吨的炼油厂。

徐今强的为人具有一股强大的凝聚力。他的感人事迹很多。下面将我直接接触的几件事，写下来：

徐今强带头学习毛主席著作，延续前任的做法以"两论"[①]为指针，在全国开展"工业学大庆"的大好形势下，在大庆油田内部，进行群众性的找差距、大整改，工作跃上新高度。在外部，派团向解放军和各行各业学习、取经，大庆油田工作踏上"两分法"前进的步伐。

徐今强通过深入调查研究，明确提出大庆油田的工作"以采油和油田地下为中心"，为大会战指明了方向。从此大庆油田从以钻井为火车头的年代适时地跨入大庆油田全面开发的新阶段，定位准确、方向明确、战略清晰！

徐今强善于抓住油田生产上的主要矛盾，推动全局的各项工作。他身体力行，以身作则，不管工作多么累，睡得多么晚，每天早晨上班，他一定听取地参部关于油田动态分析和总调度的主要生产情况汇报。他要求各分管领导全部参加以上活动，及时掌握油田地下的变化情况，共同进行决策，保持油田上的重大问题，统一认识，统一步调。

徐今强带领大庆油田领导班子对抓基层建设、基础工作和职工的基本功训练下了很大功夫。他经常到基层蹲点，调查研究，总结推广了严细成风的采油三矿四队，思想、作风、技术"三过硬"的32139钻井队，自觉从严、好字当头的油建11中队等一批先进典型。号召全油田职工向先进学习，做到"项项工程质量全优，事事实行规格化，人人工作过得硬"，把"三老四严"作风更加具体化，有力地推动了油田各项工作。

徐今强为了促进领导班子革命化，亲自主持制定了大庆油田领导干部"约法三章"，并以身作则，带头执行。"约法三章"的主要内容是：一要坚持发扬党的艰苦奋斗的优良传统，保持艰苦朴素的工作作风，永不特殊化；二要克服官僚主义作风，永不做官当老爷；三要坚持"三老四严"作风，保持谦虚谨慎，永不骄傲，永不说假话。"约法三章"发布以后，1964年9月，国家计委、国家经委分别转发到工业战线和有关部门推广应用。徐今强对自己要求十分严格，作风朴实，工作扎实；为人谦虚谨慎，平易近人，密切联系群

---

① 《实践论》《矛盾论》简称"两论"。

众；生活简朴，保持和发扬了延安精神；在大庆油田领导班子内，他坚持原则，遵守党的纪律，维护党的团结，处处以党和人民的利益为重，表现出一名共产党员的高尚品格。

三、他提出"两新、两发展"目标

徐今强重视科研工作，关心科技人员。1964年，大庆油田李荆和、王进喜、朱洪昌、张洪池和我5人当选第三届全国人民代表大会的代表。我们参加大会返回油田后向工委汇报大会盛况和周恩来总理在大会上向全国发出"把我国建设成为一个社会主义现代化的强国"的伟大号召。

1965年，徐今强主持大庆油田会战工委研究讨论，向油田全体职工发出了"向高度机械化、高度自动化、发展新技术、发展新工艺进军"的号召，并树立了"三敢三严"（敢想、敢说、敢干和严肃、严格、严密）的井下采油工艺研究所及副总工程师刘文章为先进典型，推动了全油田群众性技术革命和技术革新活动蓬勃开展。

过了不久，徐今强组织大庆会战指挥部领导研究当年工作时，提出：要围绕油田各项生产建设任务，实现高度机械化、高度自动化，发展新工艺，发展新技术（即两高、两发展）。要求瞄准世界先进水平，大力组织科研攻关。这是徐今强又一个战略性决策。

当年，在"两院一所"（大庆研究院，设计院和采油工艺研究所）的基础上先后成立了矿机、深井、自动化、地球物理和油田施工技术研究所，充实了科研人员，增添了科研设施，这就从组织上落实了"两高、两发展"方针。

徐今强重视落实知识分子政策，认真组织大庆油田会战指挥部的几名领导，在让湖路研究院平房招待所，用了一个星期时间研究知识分子的使用方向。确定：少数人培养作党政领导和总工程师，部分人作生产技术和管理工作，大部分人从事专业性科研攻关和设计工作的格局。同时，强调对知识分子要充分信任，大胆使用，严格要求，热情帮助。后来，高教部和人事部在沈阳召开知识分子工作经验交流会，石油工业部派教育司唐克伦和我参加了会议，会上，按照徐今强的思路，汇报了我们大庆油田的知识分子工作。

徐今强对全局性重大科研计划，每年都是亲自主持审查，一项一项地推敲，从不轻率决策。我每次汇报时，不能有半点儿马虎，事先总要组织有关专家，准备半个月到一个月，用心把各个环节搞清楚，就这样也要讨论两三次，经领导和总工程师们充分论证，最后才由徐今强拍板定案。他为什么这样做，和他共事一段时间后，我才明白了这个道理。他把科研、创新视为最重要的生产力。经过反复论证确定的重大项目，他要求各路指挥和计划、财务、供应、制造等部门，对它开红票放绿灯，给科研工作创造优越条件，让知识分子、科技人员围绕生产建设上提出的科研课题，尽情发挥他们的聪明才智，在油田形成了很有气势的群众性活动。因此，科研成果出得快，推广速度快，在生产上见效快，迅速见到了经济效益。

经过一年的努力，大庆探区的科研工作取得了突出的成绩，在生产上见到了显著效果。钻井方面，8项技术研究全面丰收，自行研制的刮刀钻头有15个连续钻进突破千米大关。1250钻井队用一个钻头一天时间钻完了一口深1220米中深井。当年完成的326口生产井和注水井，井斜都在当时的最新标准3度以内，井身质量显著提高。钻井取心收获率在逐年提高的基础上，当年又取得了取心3208米，岩心收获率98.5%的好成绩。定位射孔实现了技术配套，1964年射孔583口井，质量全部优良，深度误差均在0.2米以内，真正做到了百发百中。有4台中型钻机实现了交流电驱动。采油方面，在已开采的256平方千米面积上，有312口注水井使用了新型封隔器，一般三到四级，最多达七级，实现了分层注水，打下了油田长期稳产的基础。油田建设方面的工厂化预制和"三化"（预制化、装配化、施工机械化）施工，提高了油田建设施工的速度和质量，减少了工人的劳动强度，保证了安全，还降低了成本，使高寒地区的油田建设野外作业向"四季常青"施工迈出了可喜的一大步。

1964年底，大庆油田会战指挥部领导对探区的重点科研项目重新做了调整，在钻井、采油和油田建设方面各提出了"十项配套技术研究"，总共30个研究课题，简称为"三十项配套技术研究"。

四、到其他企业参观学习

1965年2月，石油工业部在北京召开局、厂领导干部会议，徐今强率大庆代表参加。会议结束时，徐今强向大庆代表宣布了一个深思熟虑的决定，由宋振明和我带队，率各二级单位参会的指挥、总工程师和各科研单位的领导，到工业发达的上海、沈阳、鞍山等地参观学习。我们在上海去了江南造船厂和许多各具特色的小工厂，里弄作坊式的小厂，在沈阳去了重型机器制造厂、电缆厂、电机厂、水泵厂，在鞍山去了钢铁厂。此行历时30天，收获很大。

收获之一是开阔了眼界，长了志气，更加坚定了发展石油工业的信心。

我们亲眼看到了我国自行设计、制造的具有世界先进水平的万吨水压机和大型锻造件,一次挤压成型工艺。这些成就标志着我国重工业的发展上了新台阶,达到了新水平,是发展石油工业的坚实技术后盾,有了这样的后盾,发展石油工业何愁可用之材,可用之物!

收获之二是小厂创奇迹,"鸡窝里飞出金凤凰"使人们更新了观念。

上海的一些小厂和作坊式的里弄工厂,人少条件差,但他们追求大目标,敢于瞄准并赶超当时的世界先进水平。一个制作别针的小厂,硬是瞄准国际名牌"三五牌"赶超,当时"三五牌"针尖用1500次不磨钝,而上海小厂的针尖已达到万次不钝。凤凰牌自行车,硬是瞄准英国的"兰铃牌"赶超。他们把"兰铃"分解成一百多个赶超点,一点一点地比着干,当时已有70多个达到了同等水平。上海人自豪地说,这叫"小厂办大事""鸡窝里飞出金凤凰"。这向我们暗示了一个真理,财大气粗条件好固然可以办大事,作大贡献;人少、钱少、条件差,也可以办大事作贡献,前提是人要有大志气、大决心、大干劲,这个观念必须在我们的头脑中扎根。

收获之三是从中学到了一些好的管理方法。"工业学大庆",全国各地都来学大庆,我们走出去认真看别人的成绩、认真听别人的经验、认真反思,得出了一个结论,我们到过的单位,有很多地方值得我们学习。

收获之四是广交了朋友,和一些企业建立了技术协作关系,可以借助他们的人员、装备和技术为大庆油田的生产和科研服务,使发展大庆收到事半功倍之效。

现在回过头来看,当时"工业学大庆"运动刚刚兴起,全国各地来学的人如潮涌,徐今强却在此时叫我们出外向兄弟企业学习取经,力戒故步自封、夜郎自大,真是具有战略的眼光和风范。

参观学习回来后,我们向领导和职工汇报了学习情况和心得体会,这次汇报成了大庆贯彻石油工业部局厂领导干部会议精神的一项重要内容。对贯彻"两高、两发展"的方针,推动油田重大科研项目研究工作的进程和开展群众性技术革新起到了重要作用。1965年,油田建设和生产任务以及科研成果取得了大丰收。

1965年11月,中共中央东北局在锦州召开东北三省技术革新现场会,大庆会战指挥部派我代表大庆油田在会上发言。我代表大庆向东北局领导及参加会议的各省市领导同志汇报了大庆油田开展科研攻关和技术革新的主要做法、主要成绩、正反两方面的经验和对未来的展望,受到了与会领导和全体同志的欢迎。后来有关方面以专稿的方式将我的汇报主要内容向中央做了汇报。文章中有这么一段:"这是大庆石油会战指挥部、副

◎ 徐今强（左一）颁发"五好红旗单位标兵"锦旗

指挥王炳诚同志在东北局召开的东北三省技术革新现场会上的发言摘要。由于不断地开展技术革新、技术革命。大庆油田会战6年来，在注水开发试验区内没有一口井降低压力，没有一口井减少产量，没有一口井停喷，没有不合理的产量……"

这是对大庆油田科研工作所取得成果的肯定，是对大庆会战全体职工的表扬和鞭策。

徐今强在不同场合，不止一次地讲起，具有世界先进水平的炼油"五朵金花"的事例。他亲自带领各路总工程师，参观大庆炼油厂的五套具有国际水平的炼油装置。大家走到催化裂化装置时，他提高了嗓门告诉大家："这个装置是一个上吨重的'滑阀'，吹一口气就能动作。"休息的时候，他讲述了在兰州炼油工作时，组织几十个单位，攻下"滑阀"制造关的成功经验。

1964—1966年，我们按照徐今强的多次指示，充分利用社会上各有关科研单位，大

◎ 徐今强在大庆油田作报告

学院校和生产厂家的技术优势，瞄准油田上的主要技术难题，组织联合攻关，把协作单位作为油田科研的一支重要力量，像沈阳市的水泵厂、电机厂、电缆厂、重型机械厂、牡丹江市黎明机械厂等。协作单位帮助大庆油田研制出采油电潜泵、四小井口、钻直井扶正器等，为大庆油田发展作了大贡献。像这样的科研协作单位，当时至少有几十个。就连当时北京市的钻头大王倪志福，也被请来，对钻井上使用的钻头提出宝贵的意见。

1965年，大庆油田研制人造金刚石。徐今强提出，让科研人员到中科院物理所参观求教。利用在北京参加厂矿长会的机会，我带领矿机所的同志，到中科院物理所拜访、参观，受到很大的启发。一次，我陪同他到油田自动化所检查工作。他对所长谭学陵说："你们油田自动所才起步，应借鉴炼油方面的技术，在这方面炼油比油田是超前的，油田管理自动化要讲实效，要真正把人减下来，不要搞花架子"，这些话针对性是很强的。

他特别强调科研的主攻方向要明确，按照这个指示，科研成果要配套使用于生产建设。

科学技术解放了钻井生产力，同样的装备同样的队伍，打出了钻井工程的高质量高速度，效益翻了几倍。到 1965 年，随便的一个钻井队，都达到了会战初期标杆队的水平。

科学技术的威力发挥出来了，但也带来了钻井生产上的新问题和新矛盾。当时，已经拥有万名职工的钻井指挥部，后勤专业服务队伍与钻井前线人员的比例已经达到 3∶1，还时常出现多台钻机等搬家、等固井、等电测的现象。如果，按传统的做法增加专业服务队伍，增添一批设备是可以解决这个矛盾的，那就要加几千人，要投入一大批资金装备这个队伍。徐今强让我把钻井指挥部的指挥、总工程师请来一起研究这个问题。第一次听取钻井汇报，谈谈思路。准备了几天之后，第二次开会，在充分发表意见的基础上，他明确提出：钻井要组织均衡生产，不增加后方人员，不添加设备，要从提高专业服务队伍的素质和工作效率上下功夫，把钻机保养修理、完井后的总结和人员休息培训都纳入井队的运行计划。钻井指挥部按每天开钻两口井，完钻两口井的计划进行运作。经钻井和各方努力，30 多部钻机，运行地有条有理，队伍士气越来越旺。

◎ 徐今强在大会上作报告

◎ 大庆油田会战指挥部领导带领各单位指挥在1202钻井队和1205钻井队两个钻井队现场办公，动员为这两个队年上十万米做后盾

1966年，有了钻井8项技术上的突破和生产组织运行上的突破，不仅有能力年钻井600口，也具备了向世界上中深井最高纪录发起挑战的条件，于是确立1202钻井队和1205钻井队两个标杆队。在徐今强领导下，经大庆会战指挥部有关领成员共同讨论，下定了向最高纪录挑战的决心。

为保两个钻井队创世界纪录，钻井指挥部全力以赴组织。油建指挥部为这两个井队当年完成的200口井，提前架设了高压输电线路，做到钻机搬到新井位，就可以打井。钻井的各个工序一分钟都不耽误井队的时间，做到每口井钻的最后一支钻头提出井口，电测仪器马上就可以下井；油层套管一下完，几十分钟内就可以进行固井作业，交完井马上钻机就开始搬迁。科技人员把千米钻头送到井队，并随时和井队职工进行"三结合"讨论，一口井一总结。可以说，1202钻井队、1205钻井队，一年双双钻井十万米，发挥了井队的高水平，既是整个钻井战线的丰功伟绩，更是科技人员的多项科研成果在钻井队的具体体现，也是全油田大协作的一曲凯歌。

为赶超世界先进水平而尽力,是大庆油田上下无声的命令。快到"十一"国庆的时候,两个钻井队已经双双超过了七万米世界纪录。准备开大会庆祝的时候,徐今强让我们再查查资料,进一步落实国外有无更高的纪录。后来,李人俊副部长,让部机关通知我们说,有一个美国钻井队,上一年钻井达到了九万米指标。这样,国庆节庆祝会,增添了新内容——创造打井十万米世界最高纪录的动员会。

会上,我代表大庆油田会战指挥部向两个钻井队授旗,并动员全探区为他们做后盾。时间仅剩3个月了,每个月要钻井一万米任务十分艰巨。1202钻井队和1205钻井队两个标杆队,在条件越来越困难的环境中,冲破重重难关,顽强拼搏,终于在12月,双双突破十万米大关,创造了世界钻井新纪录,为中国人民争了光。遗憾的是,组织和领导这一科研攻关的有关领导同志,这时已失去了自由,没能兑现庆祝大会上会战指挥部做过为两个钻井队庆功的承诺:在你们打破世界纪录的时候,全战区为你们开庆功会。

五、最后与徐今强见面

1970年,我降级参加江汉石油会战。在路过北京时,曾到和平里看望老人家,赶上他去开会,没有缘分。1974年,参加吉林油田会战,路过北京,我和爱人钟珊到燃料化学工业部看望他。他正在部大楼和各方面的领导开会,听说我们来了,立刻让周秘书请我们到办公室。他老人家还向会上的同志介绍了我们的情况。他还是那样的亲切和蔼和平易近人。没料到,这次是我们和老人家的最后一面⋯⋯

◎ 大庆石油会战期间的徐今强

"央企楷模" 陈建军

王玉华

◎ 2019年1月在玉门油田职代会上，陈建军拖着病体在讲台上坚持作完了3个多小时的报告

2019年6月1日，玉门油田酒泉基地体育馆内庄严肃穆，来自社会各界的1200多人，自发送别玉门油田党委书记、总经理陈建军同志。追思会结束了，人们久久不愿离去……

关于他，有两组数字：

一组是，两年，13厘米，24轮，120多次。

一组是，56岁，35年，754元。

2017年，他被确诊为肝癌，肿瘤13厘米，不具备手术条件，只能化疗维持。两年里，他化疗24轮，开会、调研、慰问120多次。

56岁，是他生命的长度。35年，是他奉献石油的人生年华。754元，是他因病发而紧急动用公车补交的费用。

出生在"石油摇篮"玉门油田的陈建军，从小就在内心深处有个石油梦。大学报考了石油地质专业，毕业回到玉门油田，直至把生命奉献给了心爱的石油事业。

1984年7月，21岁的陈建军从西南石油学院毕业后，回到玉门油田奔向火热的科研生产第一线。1990年，玉门老区勘探无新增投资，身为研究院勘探室副主任、酒东组组长的陈建军，想在酒东打一口探井。有专家给他写信："酒东就是个赔本的买卖，没必要再折腾了。"他硬是不服输。当听到集团公司正在尝试一种新体制，对有希望的空白区块实行风险勘探，酒东这口风险勘探井则由集团公司专项投资，陈建军眼睛一下亮了，连夜赶写汇报材料，制作井位图和幻灯片，做足答辩准备。大年初三，带着厚厚的资料，买了一张站票奔赴北京，经过严格的评审答辩，争取到了宝贵的酒参一井。这口井不仅是玉门油田历史上的第一口科学风险探井，也为酒东后续勘探提供了宝贵的地

◎ 20世纪40年代玉门矿场一角

◎ 1958年8月30日，中国第一次火烧油层试验在玉门油矿石油沟油田52井井下50米处点火成功

◎ 2004年，青西油田一口探井放喷点火，现场工作人员兴奋地高举双手欢庆（右一为陈建军）

质资料。

  21世纪前，玉门油田找油都是在坳陷构造高点找油。担任玉门油田勘探研究院院长后，陈建军开始在坳陷下凹处找油，相继发现了窟窿山构造、柳沟庄构造，1998年8月8日，祁连山脚下的柳沟庄构造"柳102井"试油50立方米，陈建军拿起油砂亲了又亲、吻了又吻。当工作人员把喷出的油样拿给他看的时候，他竟忘情地喝了一口，并且念念有词地说："你们闻闻，有一股油香！"看着他黑油油的嘴唇，大家都笑了。1999年1月，柳102井酸化压裂获得成功，日产达133立方米，青西油田勘探获重大突破，结束了长期以来原油产量持续下降的局面。按照"下凹找油"理论，他又发现了酒东长沙岭构造，建成了10万吨规模酒东油田。

  在玉门油田勘探人员中流传着这样一句话："跟着陈总干，一定要绑紧鞋带，不然就把鞋子跑丢了。"走上主管勘探开发副总经理岗位的陈建军，提出"突出预探，强化地质综合研究、强化勘探开发一体化、强化技术进步和管理"的思路。每次带着队伍去野外踏勘，陈建军总第一个冲在前面，年轻人都跟不上他的步伐。35年间，他踏遍了玉门探区的沟沟坎坎、峁峁梁梁，老君庙、青西、酒东，高至海拔4000多米的南祁连盆地，远至潮水、雅布赖；高山深谷，留下过他的足迹，雨天晴天、暴雪天沙尘天，都见证过他的身影。陈建军有没有爱好？有人说他的爱好是集邮，但集邮他只集石油主题；有人说是摄影，但摄影就是拍石油，家里挂的就是他拍摄的《南祁连——玉门油田的希望》的照片；有人说爱收藏岩石，但收藏就是为了研究岩心，上面还刻着酒东、青西、勘探、找油的字样。

2015年7月23日，陈建军被任命为玉门油田总经理，从此，他就进入了没日没夜的工作状态。任命的第二天，他就直奔玉门油田，来到石油河畔、妖魔山下；没过几天，他又出现在了酒东、青西、雅布赖的现场……十多天的工夫，他跑遍了油田所有的基层单位，组织不同层面的专题会议，参加不同主题的交流座谈。面对企业生存发展、扭亏脱困的重任，他反复调查、苦苦思索。改革、发展，成本、效益，市场、出路……经过排列组合和综合研究，一个新的发展方案在他心中逐渐清晰。在中国石油集团公司领导干部会议发言中，陈建军提出了玉门油田上下游一体化、主营业务与工程技术服务一体化、勘探开发一体化的"三个一体化"发展思路，明确了"优先有效发展勘探开发业务，稳健高效发展炼油化工业务，协同有效发展工程技术服务业务"的工作布局。看到玉门油田炼油厂长期亏损，陈建军说：诞生过"五朵金花"的玉门炼化，再也不能亏损了。他测算生产成本、分析市场行情、研究技改方案。经过一轮又一轮的研究、一轮又一轮的实验、一轮又一轮的争取，国Ⅴ质量升级、转型发展、隐患治理等系列措施陆续上马。

◎ 2004年3月，陈建军（右二）冒着风雪在现场踏勘

◎ 2006年6月，陈建军在青西油田定井位

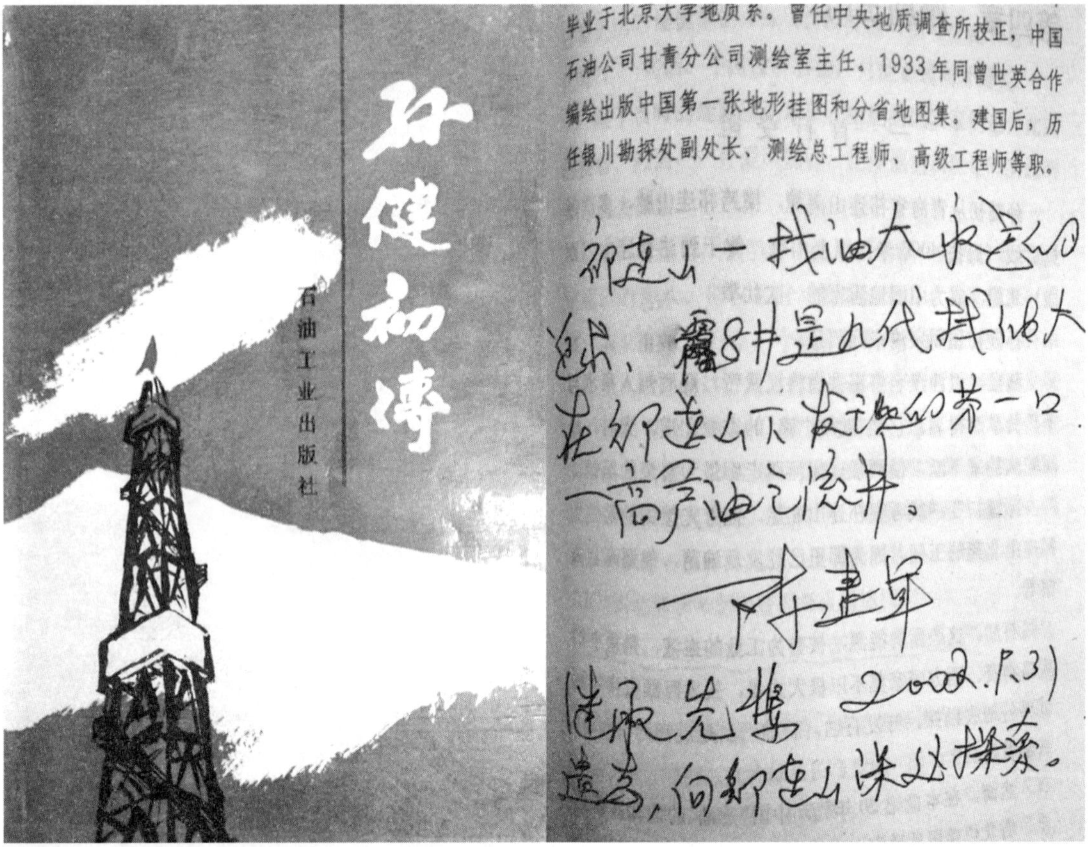

◎ 2002年，陈建军在《孙建初传》书上，写下了"祁连山——找油人永远的追求""继承先辈遗志，向祁连山深处探索"

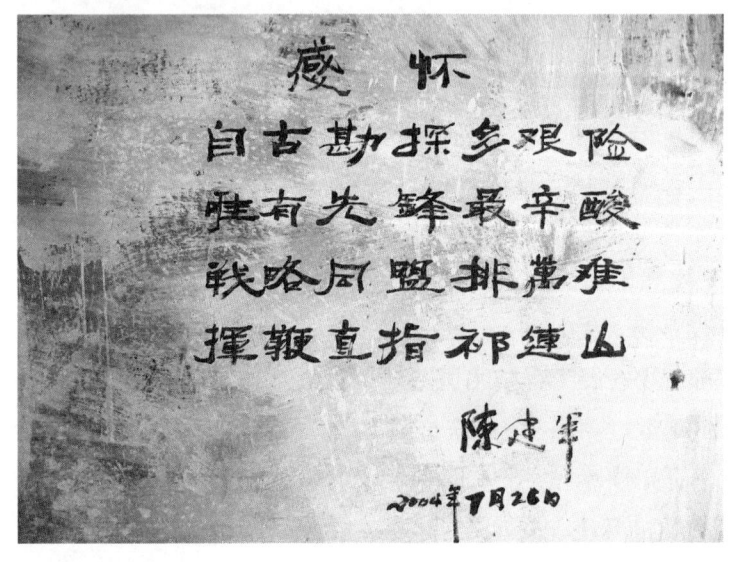

◎ 2004年，陈建军将自己做的诗歌，刻在东方物探在青西油田建的文化墙上

2016年，玉门炼化总厂实现利润2.8亿元，摘掉了连续亏损17年的帽子。随后两年，分别实现利润4.2亿元、4.5亿元。

玉门油田机械厂的处僵治困难题，是陈建军心头的又一块心病。这个建于1939年的中国第一个石油机械厂，曾经是那么的辉煌，第一个压裂车、抽油机、清蜡车等都从这里制造成功。为了使机械厂走出困境，陈建军可没少费心。在他的筹划指导下，机械厂大幅减亏，2018年实现扭亏为盈。

陈建军常说："玉门自吐哈会战以后，就再也没有找到一个大油田。看着一颗颗找油盼油的心热了又凉、凉了又热，我心里难受哇。如果搞不出油，我愧对'石油摇篮'这面旗啊。"这种忘我的精神境界，这种找油的神圣使命，被一次次地激发，升华成一种扛在肩上就再也放不下的责任。玉门油田的矿权面积仅1000多平方千米，和兄弟油田比起来实在太小了，这是陈建军心中怎么也抹不去的痛。矿权政策的丝毫变化，都牵动着他的每一根神经。

2017年3月28日，陈建军从北京开完会回到酒泉，发着低烧，感到身体不适，他并没有太在意。2017年4月，主持党委会的陈建军晕了过去，在办公室休息时他还强调："今天的议题很重要，让大家等一等，再继续开会。"40分钟后，他坚持来到会议室将会开完。

紧锣密鼓的工作让他无暇顾及身体症状。2017年4月在兰州开会的陈建军高烧发至40度，医生建议他立即全面检查。直到发高烧的第三天，他才到甘肃省人民医院做了CT，这时发现恶性肿瘤细胞。这个消息犹如晴天霹雳，让一心希望带领玉门油田扭亏脱困、实现重上百万吨目标的他遭受巨大的打击，他万万没想到因为工作繁忙脱不开身，加上自己平时身体素质一直很好，因此连续7年都没有做过体检，现在竟查出患上了绝症。但他无暇多顾，下午就坐动车赶往酒泉，晚上10点半直接从火车站驱车前往会议室参加会议。5月11日，他飞往上海做进一步检查，确诊为肝癌。医生拿着CT报告无限惋惜。面对这个"死亡"的晴天霹雳，陈建军陷入了沉思。一边是身患绝症日渐消瘦的身躯，一边是玉门油田扭亏脱困的事业……经过短暂而激烈的思想斗争，他艰难地选择了后者，开始了与病魔抗争、与时间赛跑。罹患癌症的消息，陈建军对周围的人都悄悄隐瞒了，以至于隐瞒得连自己都忘了。他依然像正常人一样，奔波在办公室、会议室，忙碌在一线、在井场，唯一不同的是，不管天气多热，他都穿着外套或长袖衬衣。不曾想到的是，他长袖掩盖的右臂上，竟然藏着一根20多厘米长的塑料管，穿透锁骨直抵肝脏，另一端连接着裤子口袋里的负压药瓶，一边工作，一边化疗。就在他生命进入倒计

◎ 2018年4月20日，陈建军（前排）在环庆流转区块现场调研

时的前两天，从昏迷中惊醒的陈建军突然大喊："大项目，大项目。"陪护的人问他："您说的是儿子博士毕业要做项目吗？"他摇摇头，断断续续地说："百万吨的大项目，只有，只有上百万吨，玉门人才能，才能过上好日子……"眼角滑落的两行泪水，在清晨的微弱光线下闪着亮光！

陈建军的一生，为油而生、为油而忙、为油而拼、为油而终。当年，"玉门的好儿子"铁人王进喜为开发大庆油田少活了20年；今天，"玉门的好儿子"陈建军为了玉门油田的发展，又岂止是少活了20年呐。

陈建军去世后，2019年7月24日，中国石油天然气集团有限公司党组追授陈建军"铁人式好干部"的荣誉称号。2019年9月20日，国务院国资委党委追授陈建军"央企楷模"荣誉称号。

光荣的信仰

石 东

"铁人式的共产党员"王光荣践行了入党誓言,用自己的行动证明自己无愧于共产党员的光荣称号。他那对党、对祖国的无限忠诚,对事业的执着追求和为塔里木寻找大油田的无私奉献和顽强拼搏精神,永远激励着石油人在新时代的大路上不断奋进。

考 验

1967年,在抗美援越的战场上,王光荣参加完牺牲战友的追悼会后激情满怀,立即向所在连队党支部递交了第二份入党申请书。他在申请书中写道:"向英雄学习,以英雄为榜样,不怕苦、不怕死,像英雄那样在战斗中英勇顽强,在敌人的屠刀下坚贞不屈,把自己的青春献给人民,活着就干,死了就算,完全彻底地为人民的利益工作。"

◎ 王光荣

王光荣在12岁时,父亲去世了,为了生存,母亲带着小妹妹改嫁到外地。留下他和9岁的弟弟和两间茅草屋相依为命。在他们最艰难的时候,是村党支部书记和乡亲们向他们伸出了温暖的手,他们的吃穿全由组织包了。后来,村里还免费送他和弟弟上学,又送去参了军……

从那时候起,王光荣对中国共产党就有了最朴素的感情,对党、对乡亲们一直怀着一颗感恩的心。他常说,没有中国共产党就没有他的今天,做人要知恩图报,多奉献少索取。

王光荣在战场上受过伤立过功,加入中国共产党是他矢志不渝的追求。他深知保家卫国是军人的职责,在血与火的战斗考验中他光荣地加入了中国共产党。

◎ 1967年，在抗美援越战场上，王光荣向党支部递交了第二份入党申请书

◎ 20世纪80年代初，王光荣（中）与队友在井平台上

奉　献

　　转业后，王光荣参加了新中国的石油工业建设，他怀揣着早日找到大油田的雄心壮志，成为新疆石油管理局钻井公司7015钻井队的一名泥浆工，钻井队泥浆工又脏又苦又累，但他毫无怨言，在泥浆工岗位上默默奉献了18个春秋。

　　当年，王光荣所在的钻井队闯进塔克拉玛干大沙漠的时候，改革的浪潮把他们推到石油工业对外合作的第一线。一家外国泥浆公司承包了轮南1井的泥浆工程。当了多年泥浆大班的他从那时起就把沉重的历史责任扛在了自己瘦弱的肩头。他夜不安眠，食不甘味，常常坐在床头翻阅泥浆技术资料到深夜。

　　全新的体制，对习惯于在泥浆工作中独立做主的王光荣无疑是一次挑战。首先他要在外国人的指令下工作，而他只有小学文化，洋文一字不识。为了会战、为了工作，他开始学 ABC 了。在家里拜录音机和上中学的儿子为老师，在井上拜老外和钻井队几个懂外语的小伙子为师。他抓紧一切时间向 ABC 冲击，令人难以置信的是几个月后，他竟能用不熟练的英语和大家交流了。

王光荣反反复复地强调："要弄明白外国人到底高明在哪里，将来咱们自己干。"在外国先进技术面前，他是谦逊好学的学生。在完成外国公司雇员工作指令的过程中，他很注意学习和研究外国公司的工作方法和经验；在国家利益面前，他是个堂堂正正的主人。除了按照外国雇员的指令调整泥浆以外，他常常头顶烈日守在井上，仔细观察泥浆的变化。有一次，井下发生漏失，外国公司雇员老比尔提出了调整方案。他拿到了指令，觉得不妥当，向井上监督提出了修改建议。外国专家老比尔听完详尽的解释，十分赞赏，伸出大拇指连连夸奖："王光荣 Good！"并与他合影留念。

大　干

1987 年，打轮南 1 井的时候，王光荣就感觉自己患了病。那时，他一心想的是要在与外国泥浆公司的合作中摸索总结经验，没有时间去检查治疗。后来返回克拉玛依检查治疗期间，听说塔中 1 井要开钻了，再也待不下去了，带着一大堆药，穿干沟，越天山，赶到了沙漠腹地的塔中 1 井。

◎ 1987 年，王光荣乘飞机返回位于塔里木沙漠中的塔中 1 井

当时塔中气候异常恶劣，风卷黄沙四处飞扬。有一天，来了7车泥浆材料，钻台上正在起钻，抽不出人来。他就带着两个民工和几个大班人员一起干了五六个小时，在装载机的配合下把100来吨材料全部卸下来，又摆放整齐。多用装载机驾驶员都炳利经常在夜里三四点钟被他叫醒，上井给泥浆池加料，一干就是大天亮。大家回去休息了，而他却在井上继续忙活着。跟他干活的民工在背后说："这个王师傅好像病了，不要命

◎ 20世纪80年代初期，王光荣身穿羊皮袄在井场

了！"有人接过话说："他生着病，每天憋着劲干，上哪儿找这样的好人去？"

1989年4月，他所在的7105井队承钻塔克拉玛干沙漠腹地的探井塔中1井，他带病上井，顶着烈日风沙，和农民工一起卸了100多吨泥浆材料，33天没有下井……后来病情加重，在井队领导的多次劝说下，才利用轮休时间去基地医院做了检查。"食道癌晚期"几个字，让王光荣和家人以及他周边同事陷入恐慌中。

在塔里木石油勘探会战期间，为了多找油，支援国家经济建设，在举世瞩目的塔里木石油会战中，王光荣抱着病体战斗在钻井生产第一线，在身患癌症的情况下，忍着剧痛坚守在本职岗位上。茫茫沙海中，钻机隆隆，时间一天一天地过去，钻头一米一米地向地下挺进，病魔一点一点地吞噬着他的肌体。1989年6月8日，塔中难得的一天好天气。他像往日一样在井场上忙着。这天要换班了，他多想再为塔中1井做些什么。"扔了太可惜了。"他自言自语。说着弯下腰，慢慢地蹲在沙地上，用小铲把散落的泥浆材料一铲一铲地铲起，装进袋里，放在材料堆上。这样的事情，往日不知做了多少回。可是他不曾想到，这次竟是他最后一次在塔中做这样的事情了。

梦萦

在住院期间，队友前来看望他，他们告诉王光荣，塔中1井发现了大量的含油气层，可能要出油了。队友走后，他吩咐儿子上街买了一个小收音机，怕吵着别人，他没事就戴着耳机听。11月3日早晨，王光荣突然欣喜地连声呼喊："塔中出油了！塔中出油了。"新疆人民广播电台正在播出塔中1井喜获高产油气流的消息。原来，他天天听收音机目的，就是为了这一刻。王光荣把收音机凑到耳朵跟前，紧贴着收音机喇叭的音孔，生怕漏掉一个字。他苍白的脸上奇迹般地泛出生命的红润，嘴里不停地念叨着："出油了！可出油了！终于盼到这一天了！"那天，很久没吃东西的他居然吃了饭，精神好极了，还不停地跟病友们炫耀，塔中出油了，等他病好了就回去……

◎ 20世纪80年代，王光荣在塔里木钻井期间于沙漠腹地的胡杨林水塘边留影

◎ 王光荣全家合影

◎ 王光荣生前使用的钱包

可王光荣的病一天天加重。12月22日，王光荣的家人在医院给他过了生日，这可能是他最后一个生日了。几天前，王光荣就在病床前唠叨，说过几天就是他的生日了，他要回乌尔禾家里过，把邻居和好老乡都叫来吃他的生日蛋糕，把他的病"吃脱掉"，他就可以回塔中、回井队、回去干他的泥浆大班了。当天晚上，全家人在医院点起了生日蜡烛，吹了蜡烛，他颤颤巍巍地站了起来说："我真想出院回塔中，哪怕再去看一眼也好啊……等病好了就一定回塔中……"那一刻，让所有人感受到了他为祖国献石油的拳拳爱国心。

"这次我才真正预感到死亡。我真舍不得离开你们，舍不得我日夜思念的钻塔。爸爸还年轻，多么想再干几年，再看看泥浆池。爸爸真希望看着你们长大工作。爸爸恐怕是不能在泥浆池边走动了。儿子们，你们要好好学习，当好教师，为咱石油培养人才，为国家为石油做出自己的贡献。爸爸这辈子没有干完的事，你们一定要接着干，那我的心愿就算了了"。王光荣临终前让亲属代笔给两个儿子写下了最后一封信……

1989年12月26日，王光荣因医治无效病逝，终年43岁，永远地离开了他热爱的这片热土和他牵挂的家人。

塔中1井出油，它预示着中国人将要在"死亡之海"牵出一峰"金骆驼"，是几代石油人在这里用智慧和汗水，揭开亘古荒原的奥秘，将地下油龙牵起。现在的塔里木油田是我国陆上第三大油气田，也是西气东输主气源地之一，承担着向华东、华北地区15个省市、120多个大中型城市约4亿人口、3000余家企业的供气任务。塔里木油田的开发极大地促进了新疆经济社会的发展，提高了当地农牧民的生活条件，家家户户都用上了天然气，极大满足了各族人民群众向往美好生活的需要。

在"死亡之海"与死神搏斗，直到生命的弥留之际。他这个泥浆工听到塔中1井出油的消息后，惦记的还是他的泥浆工作。从准噶尔转战塔里木，他用自己崇高的精神和模范事迹谱写了一曲新时期的大漠铁人赞歌。

赞　扬

"有许多同志若干年在这样一个地方工作，可以说完全是一种艰苦奋斗、自觉奉献的精神，特别是王光荣同志的事迹，是非常感动人的。我们的新闻、文艺部门应该好好地宣传像王光荣同志这样的各条战线上的英雄人物先进事迹，去教育、鼓舞更多的人，尤其是青少年。"1990年8月23日，时任中共中央总书记江泽民在视察塔里木石油探区

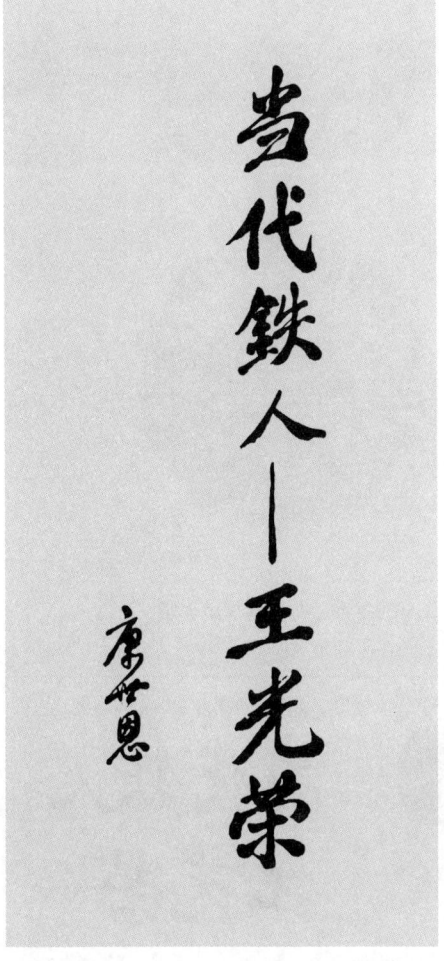
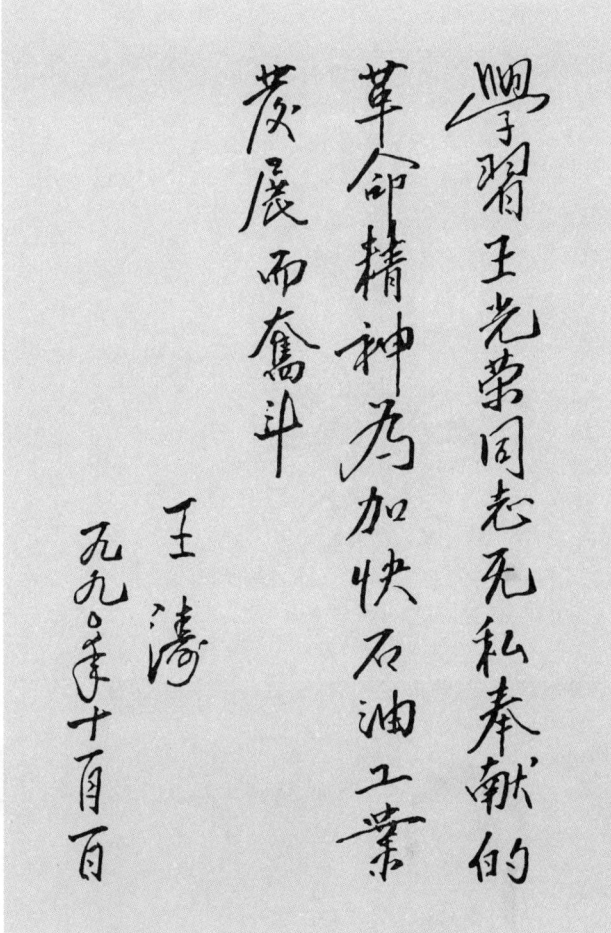

◎ 原国务委员、副总理康世恩为王光荣题词　　◎ 原中国石油天然气总公司总经理王涛为王光荣题词

时，高度赞扬了王光荣的模范事迹。江泽民总书记还十分关切地询问了王光荣的家庭情况。随后，塔里木石油勘探指挥部临时党委和克拉玛依市党委领导带着江泽民总书记的亲切问候，来到王光荣亲属家中，看望了他们，询问了他们的生活情况。

1990 年，中国石油天然气总公司、塔里木石油勘探开发指挥部、新疆石油管理局、克拉玛依市先后作出开展向王光荣学习活动的决定，并授予王光荣"铁人式的共产党员"称号。国家能源部中国石油化学工会全国委员会追授王光荣为全国能源工业劳动模范。《人民日报》《工人日报》《新疆日报》《中国石油报》等报刊相继刊载了王光荣的先进事迹。1991 年，王光荣的事迹被收入中国革命历史博物馆陈列。新闻出版单位为此出版了很多书籍。

◎ 王光荣获厂处级双文明先进个人

◎ 王光荣获全国能源工业劳动模范奖章

◎ 1991年，新疆人民出版社出版王光荣传记

◎ 1991年，中国工人出版社出版《当代铁人王光荣》一书

白羽飞大漠

王志明

1996年7月21日上午10点，我按照中国石油文联主席金钟超的要求，来到北京王府井霞光街一座公寓里，拜访原解放军总政治部文化部部长刘白羽，汇报刘老访问塔里木的有关安排情况。

石油会战战场，是刘老魂牵梦绕的一方热土。1964年，他任国家文化部副部长时，遵照周总理要求奔赴大庆组织拍摄电影艺术纪录片《大庆战歌》，从此与石油结下不解之缘。1977年春天，他就和李季、张光年来到华北石油会战前线和大港油田深入生活，写出《石油英雄之歌》等充满激情的纪实散文作品。谈到这里，他凝视着我说："作为文艺战士，就是要冲到第一线去，这是周总理给我们下达的任务。我今年已经80岁了，还要去塔里木，就是要完成一个文艺战士的历史使命。"

◎ 1978年2月18日，《华北石油报》刊登刘白羽《歌唱李仁杰》诗歌两首

◎ 大庆战歌

一、两位老战友

1996年9月8日一大早,我和刘老的勤务兵、中国石油天然气总公司思想政治工作部秦刚陪同刘老到南苑机场,乘飞机直抵南疆库尔勒。

当晚,在塔里木石油勘探开发指挥部,刘老与中国石油天然气总公司副总经理兼塔里木石油勘探开发指挥部(简称塔指)指挥、党工委书记邱中建相见,两人有说不完的话题。他们从大庆会战谈到海洋石油对外合作,从海洋谈到塔里木的石油会战。刘老说来到油田,就像上了战场一样,石油人个个是"铁人",在他们中间,总感觉朝气蓬勃,自己也变得年轻了许多。

刘老和邱总对石油会战都情有独钟。1957年,25岁的邱中建带领116地质专题研究队奔赴松辽平原进行石油地质调查研究。1959年,又奉命参加大庆油田发现井——松基3井的试油工作。由于他在"大庆油田发现过程中的地球科学工作"方面作出突出贡献,获国家自然科学奖一等奖。

邱中建介绍说,大庆精神铁人精神在塔里木石油会战中得到发扬光大。大庆油田在1990年派出会战队伍,在轮南探区开辟战场。他们在指挥部大门上贴了一副对联:为交答卷荒漠寒暑无所惧,赴塔奉献大庆精神更生辉。他们的口号是:钻井争一流,油建站

◎ 1996年9月8日,刘白羽(左)与中国石油天然气总公司副总经理兼塔里木石油勘探开发指挥部指挥、党工委书记邱中建交谈

排头，试油更上一层楼，项项工程质量优。大庆油田的井比较浅，最深3000多米，而塔里木属于超深井，一般都在4000米以上，明天你们到塔中能见到正在钻进的7000多米深井。我曾经说过：30年前大庆摘掉了"中国贫油"的帽子，现在大庆钻井队又摘掉了打不了深井的帽子！

刘老说，听说这里的地下复杂得很，可是你们百折不挠、锲而不舍寻找大场面，当年周总理就非常赞扬这种艰苦创业、战天斗地的大庆精神。

邱总风趣地说，我经常将大场面比喻为敌方的"老帅"，我们都是小卒子。卒子过河，是不能后退的，只有勇往直前，直逼九宫，捉住敌方的"老帅"。我曾在探区干部大会上宣传卒子精神，说塔里木两万多名甲、乙方会战职工都要勇当过河卒子，誓不回头，迎着大场面的曙光，向着既定的目标前进！

两位老战士的心灵就这样碰撞着，激荡起阵阵波浪。刘老激动地说，作家永远应该到前边去。虽然自己年岁已高，但就是站也要在塔克拉玛干站一站！用他磨砺了近60年的笔锋再次讴歌创业者。

二、沙海三日

第二天，我们陪同刘老参观轮南油田、东河唐油田后，便向塔中挺近。过塔里木河，穿越古胡杨林，便到了沙漠公路的零公里处，在沙漠公路纪念碑近前的公路彩门上，赫然出现"塔里木沙漠公路——千古梦想沙海变油田，今朝奇迹大漠变通途"的对联，昭示着即将进入塔克拉玛干的大门。

我们乘坐的小客车穿行在黑亮亮的沙漠公路上，刘老兴致勃勃地看着大漠风景，他祥和的面容总是挂着坚毅与微笑，眼神总是透着追求和探索的渴望，这种渴望的神态让你感觉他像战场上冲锋陷阵的勇士，有时又像求知欲极强的青年小伙儿，为什么激情似火的情绪总是伴随着他？后来，我在他的一篇文章中找到答案："一个作家艺术家终其一生都是在永远永远不停地探索着。探索人生的无穷的奥秘，探索自然的无穷的奥秘，探索的成果就是人类的辉煌的创造。"

我总把这次沙漠之行与刘老写的《长江三日》描写的情景做比较。这沙漠之路宛如长江之"航道"，在一辆接着一辆拉着各种物资装备的大型车辆开辟的"航道"上，我们乘坐的车子犹如一叶小舟，在沙浪雕琢的优美的曲线上行进，两旁的草方格不就是溅起来的浪花儿吗？沙漠如水，时而波涛汹涌像奔腾的马群，时而安静得像温柔贤惠的淑

石油老照片

◎ 1996年9月9日，刘白羽在轮南油田

◎ 1996年9月9日，刘白羽乘车行进在塔里木沙漠公路上

女，我们的小舟，时而涌上浪尖，时而滑下谷底，时而在风平浪静中快速行进。刘老的身体伴随着小舟摆动的频率而轻轻地摆动。

我说："刘老，看到沙漠，我想起了您的《长江三日》。"他说："看到沙海，我在想延河、长江、黄河和海洋……他们是如何连通起来并且奔流到大海的。"刘老说着，深邃的目光又移向了大漠。

◎ 刘白羽在油田考察

我们在黄昏时到了沙漠腹地的塔中油田作业区，住进列车营房。顿时，大风暴骤然而起，天昏地暗。第二天，塔中风和日丽，以它少有的好天气迎接年届80岁的著名作家刘白羽。

清晨，在沙漠公路一侧被称作"沙海广场"的平坦沙地上，庄严的五星红旗徐徐升起，在沙海的上空高高飘扬。高音喇叭里传出中央人民广播电台的新闻联播，职工开始出操锻炼。新成立的塔中作业区几十名大学生管理着我国第一个高度自动化的沙漠油田。这些身穿红色信号服的新时期的大学生，深深地爱上了这片热土，把自己说成是大沙漠里的居民。看到此情此景，刘老感慨地说，又体验到一名老战士来到军营的感觉。

在沙漠腹地的勘探区，刘老冒着酷热来到7016钻井队。他头戴铝盔，身穿石油工人的红色信号服，俨然是石油老战士的装束。全国劳模、钻井工程监督梁龙智伏到刘白羽耳根大声地说：我们钻进的塔参1井，设计井深7500米，是亚洲最深的一口井。采用的是计算机管理等先进技术。

刘老来到巨人一样高耸的探井架前，登上泥浆台，考察了筛选泥砂的现代设施。他指着脚下的泥浆罐说："科学技术提高了，才能打这样的超级探井。这不再是王铁人跳下泥浆池用双臂搅拌泥浆的时代了，但是，铁人精神没有丢。"

刘老听说梁龙智是诗歌爱好者，执意要看他写的诗歌，这个以整个灵魂与沙漠拼搏的人，写下这样瑰丽的诗句："我，一个默默无闻的石油小卒／汇入这如火的海洋／任凭冲刷，任凭荡漾／是神奇的大漠诱惑／是石油会战的召唤／把石油儿女紧紧地吸引。"刘老从梁龙智的本子上抄录下这首短诗，连连说："只有石油人才能写出这样的真情实感啊。"

在塔中四油田作业区，塔指副指挥马振武介绍说，塔中四油田已年产原油200多万吨。您是第一位乘沙漠车参观我们油田的老作家。您的到来，必将鼓舞我们把它建设成具有90年代国际先进水平的沙漠油田。

在塔中油田，刘老参观现代化的油气集输联合站时，不断地一边询问，一边记录。刘老还登上联合站南面一座高高的沙丘，充满兴致地俯视这沙海中的"石油城"。塔中油田沙海背景下的壮观的联合站尽收眼底。

刘老到沙漠运输公司，一位叫李荣的姑娘从列车宿营房里快步跑出来，紧紧握着他的手，"刘爷爷！我在课本上读过您的文章，没想到在这沙漠瀚海里见到您！"她激动地流下热泪。刘老听说她就是第一个闯入大漠的女调度员时，高兴地说："你从事的事业就像你的名字一样光荣。"

这时，许多工人闻讯赶来，与他们崇敬的著名作家亲切交谈。

刘老来到沙漠植物园，望着满目翠绿的树苗和七八个品种蔬菜，简直不敢相信自己的眼睛。他弯腰瞧瞧茄子、捋捋辣椒、摸摸黄瓜，又蹲在西红柿前端详起来，像爱抚孩儿那么恋恋不舍。当他听说自己吃的菜都是出自这个植物园的时候，满脸灿烂得竟像孩子似的。不一会儿，技术人员摘下一个西红柿递到刘白羽手中，他拿着鲜艳水灵的西红柿说："我要把这个西红柿带回北京去，告诉亲朋好友，我在号称'死亡之海'的塔克拉玛干大沙漠，吃到了世界上最珍贵的西红柿，这是石油人用无比的智慧和辛勤的汗水和心血培育出来的。"

临别时，刘白羽拥抱着马振武指挥说："如果我小10岁，我一定留下来和你们一起战斗下去。现在，我只有在遥远的北京听候你们的喜讯了！"

刘白羽乘双水獭飞机离开塔中。他目不转睛地俯视沙海，想起18年前飞临塔克拉玛干时的感叹：昆仑山的太阳

◎ 1996年9月，刘白羽在塔中四油田作业区植物园

◎ 1996年9月9日,刘白羽(右三)在探井现场采访

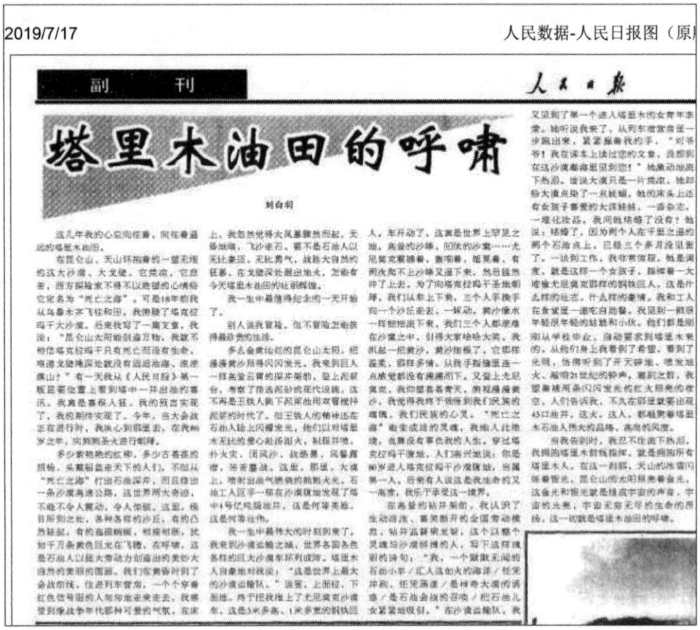
2019/7/17　人民数据-人民日报图（原

副　刊　人民日报

塔里木油田的呼啸

刘白羽

◎ 1996 年 10 月 26 日，《人民日报》刊登刘白羽题为《塔里木油田的呼啸》的文章

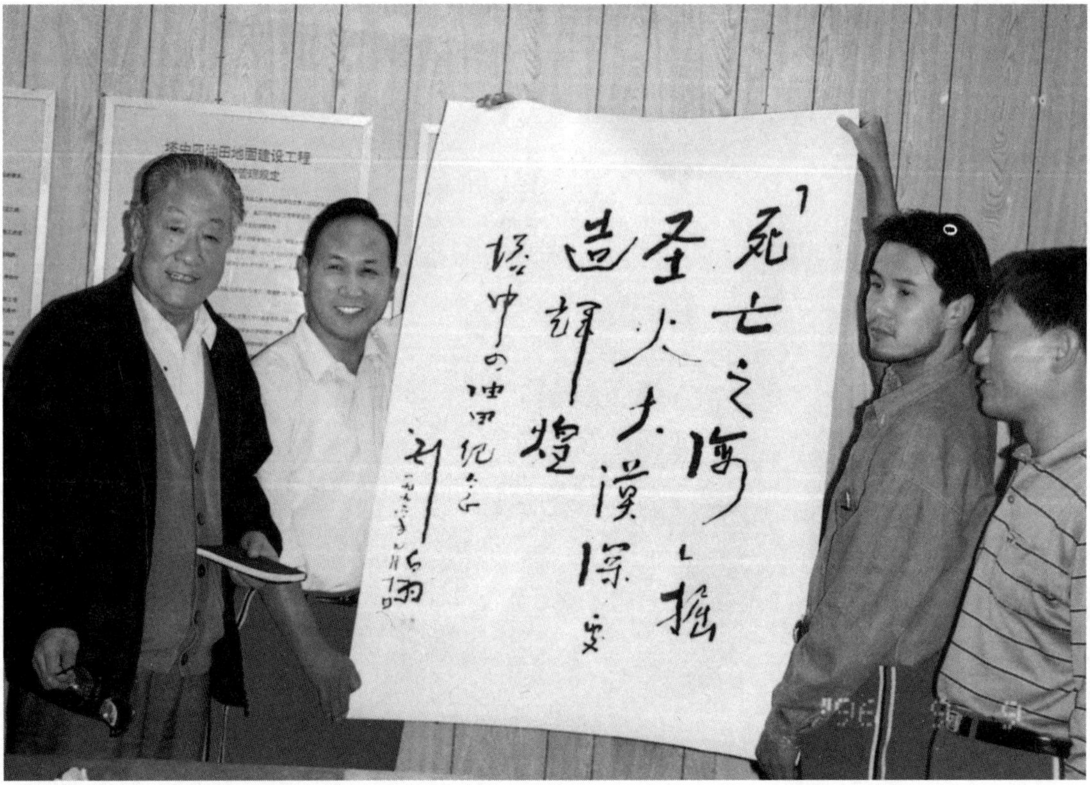

◎ 1996 年 9 月，刘白羽（左一）赠送塔中油田"'死亡之海'掘圣火，大漠深处造辉煌"书法作品

◎ 1996年9月，刘白羽（中）在塔中沙漠简易机场

能创造万物，我就不相信在沙漠下面没有滔滔的油海和浩瀚的煤田！现在，他终于目睹了油田，心潮怎能不汹涌澎湃。他把那条举世无双的沙漠公路誉为"生命之路"；他欣然为塔中四油田的建设者们题写了"'死亡之海'掘圣火，大漠深处创辉煌"的诗句；他把书写的"开天辟地，敲响二十一世纪的钟声"的条幅亲自交给中国石油天然气总公司副总经理兼塔指指挥邱中建同志的手中。

三、兄弟油情

返京途经乌鲁木齐，刘老看望居住在明园的弟弟刘肖无。刘肖无是地地道道的"石油老作家"，1956年，在克拉玛依油田发现之际，他主动要求从新疆维吾尔自治区文联来到克拉玛依挂职深入生活，被任命为油矿党委副书记，写出许多脍炙人口的作品。两位老人为石油讴歌，为石油加油。他们相聚谈的最多的仍然是石油，是克拉玛依，是塔里木。刘肖无说他听到塔中1井喷油"喜不能寐"，连夜赋就七律一首。说着拿出《新疆日报》1989年11月4日刊登的这首诗。看毕，两位老人会心一笑，笑得像孩子似的那么灿烂。

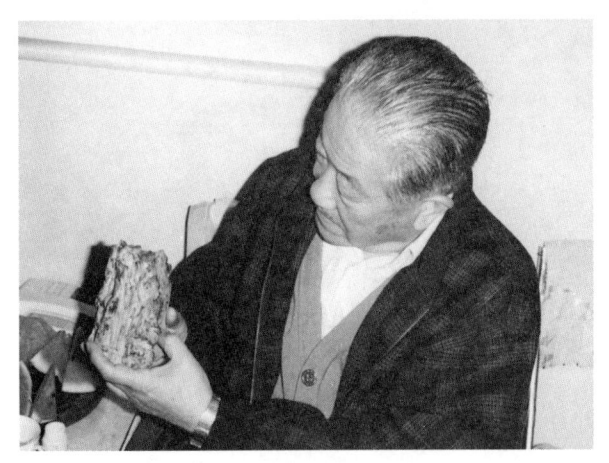

◎ 刘白羽端详化石

刘老一直惦记着塔里木,每次他都询问塔里木的情况,他说吃穿住行都离不开宝贵的油气资源。1998年9月17日,位于库车山前的克拉2井呼啸汹涌的天然气时,正是夜色降临,犹如天上的彩虹一样,令人热血沸腾。在现场的邱中建即兴作诗一首:"彩虹呼啸映长空,克拉飞舞耀苍穹。弹指十年无觅处,西气东送迎春风。"我把当时的情景和这首诗讲给刘老听,他称颂道:"好有气势的诗句啊!就是凭着'卒子精神',塔里木终于迎来大场面。"

刘老还成为塔里木精神的宣传员,在家里开办了"小课堂",北京七中的一些学生成为刘爷爷家里"小学生"。他讲战争年代的故事,讲大庆铁人的故事,讲塔里木石油人的故事,把他的家办成了爱国主义教育基地。

◎ 刘白羽(右)与弟弟刘肖无(新疆维吾尔自治区文联名誉主席)

华罗庚与石油

王志明

2019年盛夏的一天,在徐赤斋先生住所谈起他父亲徐今强,他拿出几封信给我看,其中有一封来自华罗庚的信格外引人注目。徐先生说他父亲与许多科技人员都有来往,特别是著名数学家华罗庚,二人是挚交好友。

早就听说徐今强部长关心支持科技和教育事业,关爱科技人才,华罗庚的这封信不就是最好的例证吗?这封信是1976年2月2日写的,说的是徐今强计划在煤炭研究院设立优选法小组,并请华罗庚做顾问。徐今强于1975年1月从原燃料化学工业部副部长的岗位上出任煤炭工业部部长。此时,他已重病在身,华罗庚来医院探望后写信谈了自己的想法,他特别说到:"以往在您的大力支持和帮助下,燃料化学工业部的一些单位搞优选,很有收效,也很受教育。其实在煤炭部不只是优选法统筹法有用,不少数学方法都是有用处的。这是我听不少人说过,其中包括我的一些学生,例如我有个学生叫

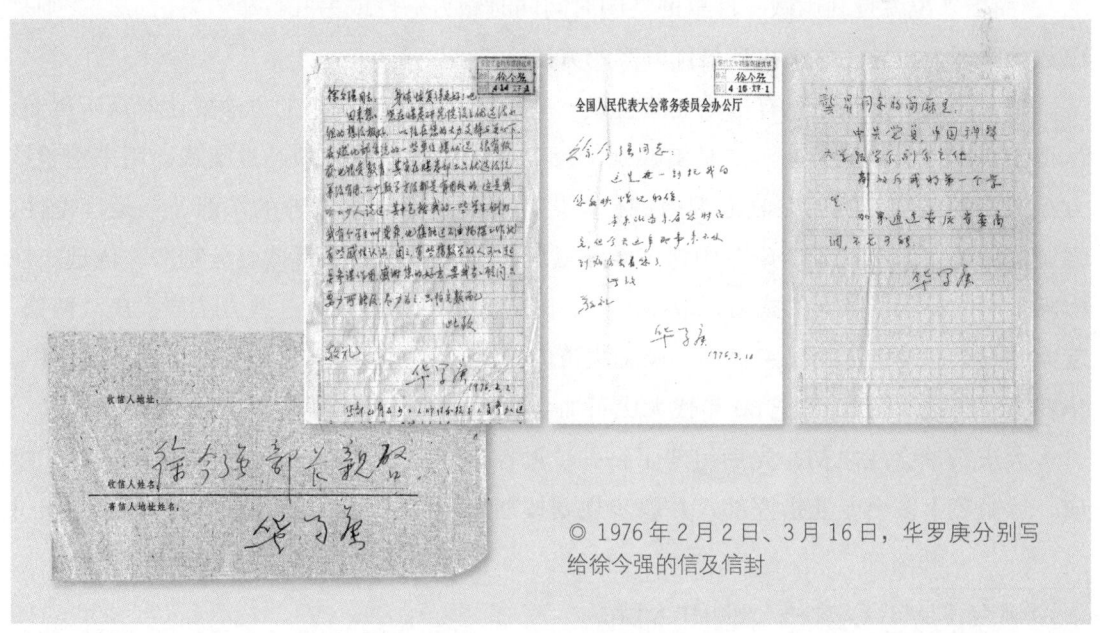

◎ 1976年2月2日、3月16日,华罗庚分别写给徐今强的信及信封

龚昇[①]，他接触过石油物探工作，就有些感性认识。因之，有些搞数学的人可以起点参谋作用……"

1976年7月21日，徐今强因病不幸逝世。他与华罗庚商定的事还没有完全做完。但是，华罗庚与徐今强的故事没有完结，华罗庚与石油的故事仍在继续……

一

1964年初，大庆石油会战得到党中央的肯定，全国掀起学大庆热潮。对此，石油工业部领导清醒地认识到：大庆是靠"两论"起家，又靠"两分法"前进。大庆油田按照"两分法"的指导，开展大找差距活动。后来，石油工业部副部长兼大庆会战总指挥、工委书记徐今强还向油田全体职工发出"向高度机械化、高度自动化、发展新技术、发展新工艺进军"（两高、两发展）的号召，推动油田群众性技术革命和技术革新活动蓬勃开展。在这样的背景下，我国著名数学家华罗庚教授研究的"优选法、统筹法"（简称"双法"）开始走进大庆。

华罗庚教授是著名的数学家、数学教育家。他在纯数学的诸多领域（如数论、代数、多复变函数论）的杰出贡献闻名中外。他以极大的热情关注祖国的社会主义建设事业，决定将"双法"作为推广应用数学的突破口，致力于数学为国民经济服务。所谓"统筹法"，简单来说就是利用做一件事的空闲时间同时做另一件或另几件事。"优选法"，则是以数学原理为指导，尽快找到最优方案的方法。

华罗庚的"双法"具有三个显著特点：一是群众性，即提出的方法要让群众听得懂、学得会、用得上、见成效。二是实践性，每个方法在推广前必须经过实践，用来检验该方法适用的范围，然后在此范围内进行推广，不能生搬硬套国外的东西。三是理论性，强调运用毛主席在"矛盾论"中抓主要矛盾的思想，抓住单因素黄金分割法，优选法在实际生产中显示了巨大的威力，取得增产、降耗、优质的效果。这些方法与大庆"两论"起家、"五级三结合"的民主管理、民主决策的做法一脉相承，具有极强的生命力。所以，华罗庚"双法"在20世纪60年代大庆石油会战初期就在油田得到应用。

大庆石油会战之初，先后组建了钻井、勘探、采油、基建、供水、供电、通讯、供应、运输等十多个专业指挥部，并逐步规划按期配套建成原油集输、原油储运、油田供

[①] 龚昇是我国当代著名数学家，中国科技大学教授。

水、注水、供电、通讯、机修、公路等八大系统工程，以尽快形成原油生产能力。在实际运行中，他们感到在生产组织管理上存在薄弱环节，在钻井、基建、采油等任务繁重的情况下，生产领导干部有疲于奔命的现象。如何在进一步完善生产岗位责任制基础上，搞出一套更好的管理方法？如何在装备落后、天气恶劣的困难情况下，找到使人和机器发挥最大效能的科学方法？成为会战亟待解决的问题。恰逢这时，他们从华罗庚"统筹法平话"中"煮开水泡茶"等日常生活的统筹得到启示。于是发动群众，首先在油田开发中的先锋队伍钻井指挥部开始学着搞统筹。总结出一套以钻井搬迁、安装、运行为主要矛盾线的单井"一到八到""正点到达"等统筹运行生产组织管理办法，使钻井生产环环相扣有条不紊并均衡发展。

石油工业是多学科、多专业、多工种联合作战的行业，而且又是技术密集、资金密集、劳动密集、风险性很大的行业。大庆石油会战是"多兵种协同作战"。在组织会战的过程中，华罗庚"双法"起到潜移默化的影响和作用。如在整体部署上，坚持全面规划，统筹安排，分期分批建设，先上对整个生产有决定意义的工程，后上其他工程；先上当前生产急需的工程，后上为以后生产做准备的工程。在施工安排时，从主体到辅助工程，成龙配套，保证开一个，投产一个。高效的生产运行机制，提高经营管理水平，取得显著的经济效果。

二

1970年4月，国家计划委员会生产组按照周恩来总理的指示，组织推广华罗庚的统筹法和优选法，鼓励他到企业去、到基层去推广这一科学方法。为了便于推广，国家计划委员会生产组授权华罗庚亲自挑选几名助手，组成生产组推广"双法"小分队。华罗庚拖着病残之躯，带领小分队，深入到油田、矿山、工厂、高校、农村推广"双法"，为工农业生产服务。华罗庚走到哪里，哪里就刮起一阵"华罗庚热"。

华罗庚曾说，自己要让双肩都发挥作用。"一肩挑起'送货上门'的担子，把科学知识和科学方法送到工农群众中去；一肩当作'人梯'，让年轻一代搭着我的肩膀攀登科学的更高一层山峰，然后让青年们放下绳子，拉我上去再做人梯。"

1972年12月，华罗庚带着助手来到大庆油田推广"双法"。到油田勘探开发研究院、油田设计院、采油工艺研究所、龙凤炼油厂等地亲自向科技人员传授如何利用数学上的优选法解决生产实际问题。职工反映："优选法就是好，多快好省离不了。""推广优选法，使我们的工作减少了盲目性，增强了自觉性，提高了科学性。"

华罗庚的到来使大庆油田掀起"华罗庚热"。人们为他那种"有条件要上，没有条件创造条件也要上"的"人梯"精神所感动，一时间大庆人都记住了那个被称为黄金分割点的奇妙数字——0.618。

索光明第一次见到华罗庚时，刚出师不满一年，是大庆油田钻井装建大队的一名电焊工，初中学历。"当我听到数学家的名字，脑海里立刻出现一个问题：数学家的方法，我一个初中生怎么能听得懂呢？"

到了现场，索光明发现自己不但听得懂、学得会，在焊接工艺中也能用得上。华罗庚那次报告的内容就是介绍"0.618法"。

课堂上，负责演示的同志拿出一张纸，纸上画好100度到200度的刻度，分别选择不同点位，第一点试验是162度，第二个试验点是138度，两个数字对比，留下好的，剪掉坏的……多次试验，论证结果。

"影响焊接效率和质量的工艺参数有很多，比如电压、电流、焊条材质、运条方法和角度等等，不好把握。华罗庚那个方法的好处是能够尽快找出合适的工艺参数，有效提高焊接质量和效率。"索光明说。"0.618法"帮助她解决了焊接工艺的难题，也帮助她成长为技术能手，一线"小徒工"后来成长为高级工程师。

大庆油田女子采油队资料员颜桂云参加了华罗庚推广"统筹法""优选法"推广小分队，使得女子采油队近水楼台先月。华罗庚带小分队到队指导，女子采油队全员学习，全员运用，把"优选法"用到油水井管理上，筛选清蜡间隔多长时间最优、干线炉温度随天气变化控制多少度最优、水井配注多少最优等问题；把"统筹法"用到工作上，统筹如何多项工作运行、如何人员分配、如何时间安排等问题，全队运用"优选法""统筹法"102项，学习运用"优选法""统筹法"，使油水井管理更科学，工作效率提高，获得事半功倍的效果。

大庆油田推广应用"双法"与经济数学也是由易到难、由简到繁、由初级向高级、由单一项目到项目的组合和大型复杂的系统的发展过程。如从单优选到广优选，从生产工艺搞优选到生产组织管理搞统筹，收到明显的效益。

1973年，在老油田要发展，喇嘛甸战略储备油田要开发，而且要建设石油化工基地的关键时刻，大庆油田科学技术委员会聘请华罗庚和著名物理学家钱学森、著名空气动力学专家吴仲华等人做油田特邀技术顾问。

国务院决定提前动用后备储量开发大庆喇嘛甸油田，以解决国民经济的燃眉之急。

◎ 1973年2月19日，大庆革委会关于邀请华罗庚同志到大庆传授和推广统筹法的报告原文影印文件

在油田生产体系基本瘫痪的情况下，建设年产上千万吨原油的大油田，要在一两年内投入正式开发，涉及设计、钻井、施工、采油等方面，不进行统筹安排难以进行。

大庆油田总工程师李虞庚出任喇嘛甸油田会战开发建设与技术负责人，他敏锐地意识到华罗庚教授的数学理论对提高油田开发效益的积极作用，热情邀请华罗庚

◎《统筹方法话本》（资料）和《大庆推广、应用优先法成果汇编》

小分队来大庆油田指导。华罗庚亲自指导，油田积极推广。喇嘛甸油田会战指挥部发动技术干部和广大工人，层层应用统筹法，从生产工艺参数优选到生产组织管理统筹都见到了实效。喇嘛甸油田开发，达到当年设计、施工、投产的高水平。经过1973年、1974年两年的开发建设，喇嘛甸油田于1975年全面投入生产，累计建产能1099.2万吨，超

◎ 1973年，华罗庚（前排右二）在大庆油田推广优选法

◎ 颜桂云（右）参加著名数学家华罗庚在大庆推广"优选法""统筹法"小分队活动

◎ 1973年5月，华罗庚教授到大庆油田讲学推广"两法"，与大庆油田领导合影（前排中华罗庚教授、右三宋振明、右一张永清、左一李虞庚、左二陈烈民，其他两位黑龙江省领导）

过设计能力，约占大庆原油年产量的四分之一。

这期间，李虞庚和华罗庚也结下了深厚友谊。时任大庆油田科学技术委员会主任蒋其垲说："大庆油田有'二庚'，一个是世界著名的大数学家华罗庚，另一个是采油总工程师李虞庚，'二庚'为大庆油田的开发建设都做出了历史性的贡献。"

三

1983年，李虞庚出任大庆石油管理局局长，此时，大庆油田即将完成第一个十年稳产，规划第二个十年稳产之际，李虞庚向华罗庚教授提出用优化的概念去指导大庆油田开发规划。此时，华罗庚正在进行"国民经济大范围的优化"，把数学研究和宏观经济发展结合起来的研究，李虞庚提出的意见正和他意。于是，华罗庚带领小分队又开始进行"大庆油田开发与地面工程方案优选的研究"。

这次研究是将电子计算机、管理科学、经济数学结合起来，对规划、决策、方案优

◎ 1983年7月，华罗庚（前右一）在大庆油田帮助制定开发建设总体规划，解决油田建设中的计算难题

◎ 1984年，李虞庚（右）和华罗庚在大庆油田合影

◎ 1984年4月15日，华罗庚写给李虞庚的信

人物篇

选进行研讨，向决策科学化迈进。按照当时的条件，能使用的最好手段就是长城 0520 台式计算机。华罗庚鼓励大家说："小题大做是假斯文，大题小做才是真本事。"意见是说用仅有的比较简陋的手段去解决复杂的问题，而不是把一个普通问题搞得很神秘故作玄虚而夸大。

这项课题从 1984 年开始，持续了二三年，华罗庚多次来大庆，向油田领导和技术干部讲授"数学方法与国民经济"的学术思想。针对大庆油田保稳产、降投资、提高经济效益的目标，利用数学模型和方法，把大庆油田作为一个大系统来考虑，找到全油田全局性的优化途径，对油田规划优选方案进行研究。

华罗庚率领小分队从上万口油井中分析出油井的指数递减、调和递减、双曲递减等三种方式，为油田各区块建立数学地质模型，应用线性规划、非线性规划、非线性整数规划，对不同方案进行大量运算，采用布局／分配优化模型、网络优化技术和分支定界方法等模型，规划电力和油气管道的设计思路。

但是遗憾的是这个课题还未完成，华罗庚就已先逝而去。1985 年 6 月 12 日，华罗庚倒在讲台上，"人民数学家"工作到生命的最后一天，为科学事业献出了宝贵的生命。

1987 年，国家科学技术进步奖评审委员会把"大庆油田开发与地面工程方案优选的研究"评为软科学二等奖。时至今日，应用数学已经广泛地存在于工农业生产和人们的日常生活之中，而华罗庚的"统筹法"和"优选法"也仍在大庆油田发展中发扬光大。

1976 年，大庆油田原油年产量跃上 5000 万吨，并连续高产稳产 27 年，4000 万吨以上持续稳产 12 年。2024 年，成长的"第二曲线"开始加速上扬。大庆油田凝聚着像华罗庚这样一大批科学家的心血。正如余秋里所说："我国著名数学家华罗庚教授，先后 7 次到大庆讲学和推广'优选法''统筹法'。呕心沥血，不辞劳累，为大庆培养和训练技术管理人员。他的卓有成效的工作，对大庆的生产管理和科技管理水平的提高，起了重要作用。"

会战篇

中国石油的命运始终与国家和民族的命运联系在一起，无论是烽火连天的战争年代，还是在新中国成立后的石油会战时代。"观今宜鉴古，无古不成今。"石油会战承载着产业兴国的历史重任，几代石油人用激情和奋斗、生命和汗水捍卫理想信念，会战精神始终激励着后世石油人守望初心，蓄力奋发。《我为祖国献石油》《油海钩沉》《"沙海之谜"诞生记》《赤胆忠心为航油》《一首歌曲伴我行》《油田壮歌》几篇文章将再次唤醒人们对石油会战的历史记忆。我们依然能够体会到井场红旗招展，炼厂锣鼓喧天，听到会战动员誓师大会的口号响彻山谷……

到祖国需要的地方去

王炳诚

学生听从党召唤，奔赴新疆觅油田。
戈壁荒漠多炼砺，勤奋苦学挑重担。
三十而立建大庆，忍辱负重汉水边。
渤海浪白染双鬓，年近花甲战轮台。
年逾八十不觉老，无悔人生皆奉献。

光阴似箭，转眼间我们进入了人生的暮年，参加革命工作、进入石油工业都超过了70年，为祖国建设我们尽力了。

在建国70周年和党的百年华诞获得了荣誉纪念章，这应归功于党，归功于和我们并肩工作的同事和战友们。我们参与并见证了这段艰苦曲折而又光荣的石油历史！

克拉玛依"以苦为乐"

1955年，独山子钻井处派出1219陆铭宝钻井队在克拉玛依钻黑油山1号井，钻井过程中发生井喷，我驱车147千米赶往现场组织处理井喷。当年10月该井试出工业油流，这是中华人民共和国成立后发现的第一个大油田——克拉玛依油田。1956年5月，为了扩大勘探成果，新疆石油管理局成立克拉玛依钻探处，我担任总工程师。那时的克拉玛

◎ 北洋大学采矿系毕业生王炳诚（右）、张从哲（中）、张毅（左）是中华人民共和国第一批大学生钻工。1951年10月摄于独山子

依，是望不到边的戈壁滩，卵石成堆连片，无水无树。夏天，气温常达 40℃；冬天，又常常跌至零下 40℃；一起风，就近 10 级。尽管自然条件恶劣，但找油人士气高涨，在短短几个月里就集中了 20 多台大中型钻机，1000 多人的队伍汇聚大戈壁，住的是新挖的"地窝子"，人们睡觉时在头上盖一张报纸或毛巾，不然起床后脸上和耳朵里全是沙土。遇到大风天，大家起床后互相都很难认清对方。这还不说，最大的难题是缺水。为确保钻井用水，就千方百计节约生活用水，从局长到工人，一天只喝一杯水。其他生活品供应也极其不易。面粉去塔城拉运，菜到 100 千米外的地方采购。因此，断菜少粮是常有的事。生活困难，工作艰苦，难不倒"以苦为乐，以苦为荣"的克拉玛依石油人。1956 年国庆节当天，天安门前的游行队伍打出"我国发现克拉玛依大油田"的横幅。消息传来，远在祖国边陲的克拉玛依石油人喜笑颜开、奔走相告。

1955 年，我任独山子钻井处总工程师期间，有一天独 76 井突发强烈井喷，接到电话我立即赶

◎ 20 世纪 50 年代，钻井技师王炳诚（左）正在和苏联专家研究问题

◎ 1955 年，王炳诚（右）和苏联专家一起研究工作

◎ 1956 年，克拉玛依的地窖子

往现场指挥抢险。由于天然气中含硫化氢浓度很高，造成我窒息失去了知觉，送到医院后，就在太平间门口进行抢救，40分钟后才恢复知觉。一个月后，我又在井场救火抢险中面部烧伤，尽管如此也从来没动摇过我从事祖国石油事业的决心。64年后的2019年，在距独76井35千米处钻探的高探1井，喜获高产油气流，日产原油1213立方米、天然气31.17万立方米，创整个盆地单井日产量最高纪录，新疆油田也给我寄来了感谢信。

　　70多年的石油人生是幸福的，我们亲身感受到党中央和毛主席等老一辈革命家对石油工业的亲切关怀！1953年我当选为燃料工业部石油管理总局特等劳动模范，应邀参加当年天安门国庆观礼，在观礼台上近距离仰视毛主席、周总理、刘少奇、朱德等中央领导同志，享此殊荣。

◎ 1956年3月，"冰人"大战"冰塔"后露出胜利的微笑（左一王炳诚）

◎ 中苏石油公司劳动模范五人参加 1953 年国庆观礼（合影左二王炳诚）

◎ 1953 年，五名劳动模范在天安门前合影（右一王炳诚）

1958年朱德副主席视察克拉玛依油田，观看克拉玛依油田发现井，克1井，为油田题词："打井两万口，生产原油两千万吨"并与新疆石油管理局处长以上干部合影。

松辽盆地"三钻定乾坤"

1959年老伴钟珊当选新疆维吾尔自治区劳动模范，1960年作为先进集体代表参加全国文教群英会。与会期间被新疆代表团推选参加在人民大会堂举行的文艺晚会，受到周总理等中央领导接见。

1960年春节，我正在和家人吃饺子（时任克拉玛依矿务局副总工程师），接到新疆石油管理局局长张文彬的电话，要我立即动身参加松辽会战，担任三探区副指挥兼总工程师。当时，我在哈尔滨旁听了会战筹备会议。石油工业部副部长康世恩说："你们新疆的队伍上去后，要快快出油！"会议快结束的时候，张文彬让我赶紧去萨尔图打前站。新疆的队伍还没到，我就接收了松辽石油勘探局在黑龙江的5支钻井队。红色草原牧场上几栋没有上顶的牛棚成了我们的落脚点，我们做的第一件事就是赶紧给牛棚上顶。我们搞得比较快，3月27日就在喇嘛甸开钻了，其中包括三点定乾坤之一的喇72井，很快就喷出了高产油流。在装备落后、天气恶劣的条件下我们找到了让人和设备发挥最大效能的科学方法——"八龙一组"，钻井是龙头，龙头一摆，其他工作紧紧跟上，环环相扣，一环也不能脱节。"八龙一组"带来了高效的钻井生产运行，钻井速度被连连刷新，为生产试验区的后续建设赢得了宝贵的时间。

1960年10月，庆祝生产试验区建成表彰会议在安达举行。我代表三探区接受了"钻井钢铁战线"锦旗。那次会上，余秋里部长振臂高呼："会战全体职工要向以铁人王进喜同志为代表的五大标兵学习！"康世恩副部长则补充倡议："技术干部要向知识分子王炳诚同志学习！"

1961年8月7日，康世恩副部长陪同国家主席刘少奇视察大庆1202钻井队，观察井队快速钻井，我在现场向国家主席汇报钻井前线工作情况。

1961年7月23日，总书记邓小平视察大庆油田，康世恩副部长陪同。我在1203井队向总书记汇报大庆钻井工作。

1963年，我当选第三届全国人民代表大会代表。在人民大会堂再一次仰望伟大领袖毛主席及各位中央领导人，聆听了周总理做的政府工作报告。

1965年，毛主席和中央领导同志在人民大会堂接见石油工业部、一机部局厂领导干部。我时任大庆会战副指挥兼总工程师。站立在第三排左侧第三人。

这些幸福的瞬间，终生难忘！激励着我们一生拼搏，在"我为祖国献石油"洪流中勇往直前。

江汉、吉林石油会战"自写历史"

1969年，由于康部长点名让我参加江汉石油会战的客观需要。大庆革委会任命我为"支江办公室主任"（没有办事人员的一个办公室），组织运送了14个专列的会战设备物资和一万名职工（其中5000名是各级尚未完全解放的干部），把大家用军列送往湖北，参加了江汉石油会战；我被任命为生产部副部长，我又能为党工作，感觉浑身是劲，日夜拼搏。我连续两个夏天都中暑倒在稻田上和水渠边。正在这时，由于大庆革委会的一名副主任恶意捏造罪名的诬告，很快我就被撤销生产部的领导职务，再一次被下放到二级单位钻井处任副处长。我仍旧理直气壮地请石油工业部党组和大庆党委查清事实，还我清白！

从那时开始在我办公室多了一副对联，上联是："路遥知马力"，下联是"日久见人心"，横批是"自写历史"。孜孜不倦的前半生已经过去了，历史已有记载，我的后半生从1971年开始了"自写历史"的新征程。

这10年自己太闭塞了，我对全国和石油方面的信息一无所知。这次到石油工业部在会议上的见闻，让我真正了解了10年来石油战线的重大建树；从1965年全国年产石油上1000万吨到1969年达到2000万吨，4年增长1000万吨；到1972年达到4000万吨，3年增长2000万吨；1973—1976年，每年增长原油1000万吨，这都是全国石油职工听党话，跟党走，奋力拼搏，践行"我为祖国献石油"的石油精神的充分展现，为祖国经济建设做出的丰功伟绩。石油大军上面的感人事迹深受感染，为我们开启第二次献身石油新征程增强了信心！顶着方方面面的压力，与吉林油田领导班子里的同事共同带领油田职工到大庆、胜利、辽河等油田，学习石油精神，大庆经验，搞好油田工作。

1976年9月9日，伟大领袖毛主席逝世，接石油工业部通知，由我代表吉林油田参加毛主席的遗体告别仪式，从吉林到北京的这几天内，我的心情都处在悲痛之中。告别仪式在人民大会堂进行，那天一大早石油工业部领导和各油田、厂矿领导来到天安门广场排队等候，队伍行进到上午11点钟我们才进入大会堂。走到毛主席身边，我满含热泪深深地向伟大领袖毛主席鞠了三个躬，恭送伟人走好！

  第二天，石油工业部领导召开悼念毛主席座谈会，化悲痛为力量，以实际行动为国家经济建设做最大的贡献！大家谈感想、表决心，会上有五六个油田代表人发言，我征得油田领导的共同意愿，在会上代表吉林油田职工表示：当年增产原油 10 万吨的决心。我们油田虽小但尽了最大的努力。当听到大庆领导讲到 1976 年大庆油田年产跨上 5000 万吨台阶时，我十分振奋。因为 20 世纪 60 年代我在那里奋战过，1960 年开始会战，当年就生产原油 90 万吨。1963 年实现全国石油自给，从此摘掉了我国石油落后的帽子，1965 年油田原油产量达到 834 万吨，当年全国原油产量就攀上 1000 万吨的台阶。我作为原大庆会战的一名领导成员，心里充满了成就感。

◎ 1978 年，吉林油田处以上干部和劳动模范到大庆油田学习（王炳诚二排左七）

渤海征战"对外石油合作"

1979年11月,石油工业部调我到海洋石油勘探局任党委常委、常务副局长兼总工程师,我临危受命,从陆地上的一个"旱鸭子"开始踏上海洋石油对外合作新征程。

这是一个年产9万吨原油,职工16000人的单位。我全面负责海上的生产管理、技术工作,担子重啊!

在面临海上对外开放,全局人员一分为二,即是作业者又是承包方的情况下,我既代表甲方,又带领专业技术单位,为外国作业者进行承包服务,进入国内的海上国际市场。

经过努力,队伍用几年时间适应了以市场经济的方式进行石油公司运作的模式;在对外合作的同时,组织了自营钻探的锦州20-2井,成功发现海上第一个气田。

由于从陆上调海上工作,我落叶归根回到故乡,有机会在1980年和老母亲过了一次春节——这是大学毕业后工作了30年,干到第6个油田,唯一的一次,也是最后的一次。

◎ 钟珊(右四)时任钻井党委书记,到钻井平台看望海上员工

◎ 王炳诚(前排左一)身着海上防寒服,乘飞机上平台检查工作

塔里木"25 载复出征"

1985 年接到石油工业部通知，新上任的石油工业部部长王涛约我谈话，讲的是两个内容：一是国务委员康世恩的一段文字"王炳诚同志应安排合适的工作，让他发挥作用"；二是他对我新工作安排的意见。

这次谈话的主要内容是向我介绍石油工业的形势，和部里"稳定东部，开发西部"的战略部署，他提议让我指导和参与"六上塔里木"的工作。部里准备让我担任石油工业部沙漠钻井顾问组组长，任务三条，一是指导新疆石油管理局，在塔里木运用海上的经验，进行陆上油田改革试点，成功以后在全国推广；二是以国际上先进的技术装备在沙漠腹地和边缘钻成 25 口 6000 米超深井；三是有重要勘探成果，找到大油气田。第一步要求顾问组制定"六上塔里木"钻探规划，供部党组讨论决策。

这次谈话是一个转折点，我从海洋石油重回陆上，从波涛汹涌的大海上奔赴沙尘弥漫的无边大漠，再度回到第二故乡新疆，开始了人生的新征程，超期服役从 59 岁到 65 岁，一干就是 8 年！

在前往塔里木的路上，做一首不太工整的诗，表达当时的心情。

西行有感

学生听从党召唤，奔赴边陲建油田；
专家前辈多培养，勤奋苦学担重担；
新疆大庆曾驰骋，尽情施展十余年；
祖国横遭动乱苦，忍辱负重无怨言；
走南闯北卅五载，艰难困苦只等闲；
戈壁草原曾征战，水网稻田不畏难；
波涛汹涌踩足下，"死亡之海"岂能拦；
召我西进逐大漠，扬鞭再度玉门关；
岁月流逝志不老，巧用年华谱续篇；
西部接替是伟业，鞠躬尽瘁做贡献。

我带领顾问组的专家，胡铁铮、张仲珉、刘骥、王绍珠同志，指导新疆石油管理局塔里木项目经理部（后改为南疆勘探公司）书记周原、经理钟树德和编制内的 69

名同志，共同进行了"六上塔里木"三年的艰苦创业，我们遵循"六上"方针，没有进行万人大会战，开创社会主义条件下的项目管理甲乙方合同制的国际油公司实施勘探的模式。充分发挥甲方南疆勘探公司、乙方各油田和国内外的钻井等专业队伍的专长，钻成了超深探井。仅用短短三年时间做到了"一年准备，二年展开，三年突破"。

1987年9月24日，日产油28.11立方米、气2488立方米，是塔里木盆地勘探发现的第四个里程碑（依奇克里克油田是第一里程碑、柯克雅1井出油是第二个里程碑，地质矿产部沙参2井高产是第三个里程碑）；轮南2井，1988年11月17日，日产油682立方米，天然气11万立方米；英买1井，1989年3月14日，日产油353立方米。塔中1井1989年10月19日中途测试，日产油576立方米，天然气34.07万立方米，从此塔里木石油勘探从盆地边缘进入沙漠腹地是塔里木的第五个里程碑。勘探成功率达65%以上的好成绩。

以上的重要发现经党中央国务院批准，在20世纪末1989年开展，完全不同于东部那种几万人规模的新型石油会战。随即我被任命为会战指挥部主要领导成员，老伴钟珊刚好可以享受城市的退休生活，根据需要携外孙女赴库尔勒在前线与我同甘共苦到1993年，小外孙女在当地学习到小学五年级。从57岁到65岁一干就是8年，超期服役到

◎ 王炳诚（前排左）和顾问组张仲珉等在轮南一井指导试油工作

◎ 1988年，轮南二井喜获高产油流（王炳诚前排左一）

◎ 1989年10月20日，塔指领导和机关干部祝贺塔中一井喜获高产油流（锦旗左侧邱中健、右侧为王炳诚）

◎ 1989年，塔中一井出油是塔里木盆地油气勘探的历史性突破，是第五个里程碑

1997年。69岁离休后，又担任中国石油咨询中心高级专家，一直工作到85岁，17年间主持评审了30多个重大工程项目，完成项目评审和初步设计，审查共完成投资130亿元，其中有青岛海工基地、辽河盘锦基地、120米自升式钻井平台和宝鸡石油机械厂第一台9000米钻机项目，对中国石油开展海上油田勘探开发和国内超深油田勘探，为这些项目的实施发挥了重要作用。

后半生从1976年到2015年的40年，在永远拿不到毕业证书的大学又完成了新的学业，更新了知识，没有虚度光阴，心里就踏实了！

北洋同窗"扎根边疆为石油"

1951年，国家第一次实行全国大学毕业生统一分配，我和张毅、张从哲、戴菊生、姜国清、李淑贞（李书田

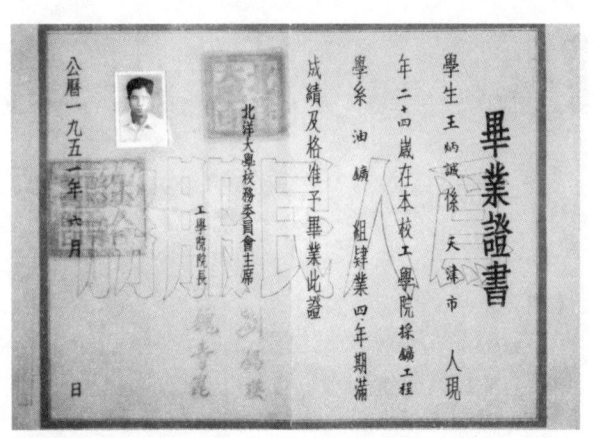
◎ 北洋大学毕业证书由工学院院长魏寿昆（"两院"院士）签发

校长的女儿）、王国才等7人，自愿报名并被批准到祖国的边疆新疆工作。新疆军分区司令员王震接待了我们，他鼓励大家"生为新疆人，死为新疆魂，要在新疆这片土地上生根发芽，开花结果"。7人当中除我以外，他们一生都没离开过边疆。

1995年10月2日，母校北洋大学（天津大学）100周年校庆，我和张毅（新疆维吾尔自治区政协副主席）、戴菊生（新疆石油管理局副局长）、李淑贞（克拉玛依炼油厂副

◎ 1951年，北洋大学采矿系主任刘之祥、侯拓村欢送毕业生合影，前排右一为王炳诚

◎ 1995年，王炳诚（前排左一）、李淑贞（前排左二）、张毅（前排左四）、姜国清（后排左二）、戴菊生（后排右一）参加母校北洋大学（天津大学）100周年校庆

◎ 1995年，左一刘稀胜，左二李克向，右一李松寿参加母校北洋大学（天津大学）100周年校庆

◎ 2015年，母校120周年校庆大会结束后王炳诚（左二）、张毅等北洋大学校友参观西沽老校址

◎ 2018年王炳诚（右一）、钟珊（左一）应邀返回克拉玛依看望老同学张毅（中）

厂长）、姜国清（局基建总工程师）5人，分别从准噶尔和塔里木奔赴母校参加庆典！

2015年母校120周年华诞能返校参加校庆的就只剩下我和张毅了，走掉的五位同学他们都践行了进疆时的誓言在新疆生根发芽，开花结果，做到了"生为新疆人，死为新疆魂！"他们为新疆石油事业，献出了青春、献出了终生、献出了他们的子孙，永远怀念他们！

夫妻情深"同甘共苦"

半个多世纪的时间，我和爱人钟珊参加过石油工业的4次大会战，辗转于克拉玛依、川中、大庆、江汉、吉林、海洋、塔里木等7大油田，行程三万九千千米，一千千米以上的大搬家6次，油田内的小搬家有28次之多。在我们初到每一个油田时，都是从零开始，待到建成一定规模时，或是开始盖楼房时，那就是踏上新征程的信号。我们住过新疆的地窖子、大庆的干打垒，四川和江汉的竹席棚，吉林和库尔勒的砖柱土坯小平房。

在油田工作的46年中，全家团聚在一起的时间只有7年，其中最长的一次是4年在吉林油田。我曾经参与并主持了在克拉玛依1号井、2号井钻井工作，试出工业油流，发现新中国第一个大油田克拉玛依油田。

组织钻成大庆"三钻定乾坤"中的喇72井，试出了高产油流，指导海上对外合作后第一口自营探井锦州20-2号井，发现渤海海域第一个气田，组织指导钻成"六上塔里木"的轮南1井和轮南2井，钻井出油并获高产发现轮南油田等多个"第一"，是我们人

◎ 钟珊（右一）1950年参军，1952年集体转业到中苏石油公司

◎ 1955年，独山子76号井喷、王炳诚硫化氢中毒，抢救后接受新华社记者采访，与爱人钟珊、大女儿拍下了这张珍贵的全家福

生中最好的享受！在 7 个油田工作期间，亲自指挥处理各个油田发生的险情和解决了诸多技术难题，尽了一名总工程师的职责。

为了祖国的石油工业，我们流过大汗、洒过热血，在井队工作时，我的头部、左手、左膝至今留有伤痕。离开基层后的几十年先后经历过钻井队治服恶性井喷时发生的窒息，后来又经历烧伤、车祸，差一点丢掉了性命；老伴也遭到了右肩粉碎性骨折的长期伤痛折磨。

1965 年，老伴钟珊任大庆会战工委家属政治部副主任，带领大庆职工家属演出队，在国务院小礼堂演出"初升的太阳"，周恩来总理观看演出后接见大庆职工家属，指挥大家高唱《我们走在大路上》并合影留念。

我和老伴都当选过省部级劳模，并多次获荣誉奖项，成绩应归功于党的教育，归功于同事们的共同努力，我们做的只是点滴。现在我们工作过的 7 个油田经过半个多世纪几代油田职工的奋力拼搏、改革创新，大庆、渤海、塔里木、四川、克拉玛依 5 个油田在全国十大千万吨级油田中位居前列，吉林、江汉也都前景可观。

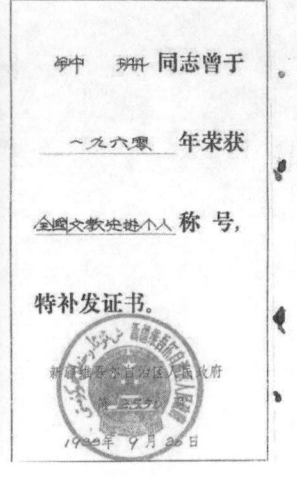
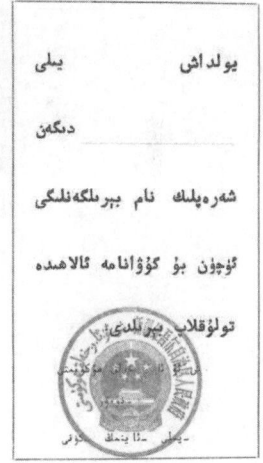

◎ 1960 年，钟珊当选新疆维吾尔自治区劳动模范

◎ 1963年,王炳诚全家在大庆干打垒住房前(合影从左到右,王炳诚、岳母彭秀英、母亲左家珍、钟珊及三个女儿)

油海钩沉

蒋其垲

  2021 年 7 月，中国石油天然气集团有限公司董事长一行来到我家，为我颁发"光荣在党 70 年"荣誉奖章。手握沉甸甸的奖章，回首在党在油的峥嵘岁月，心潮澎湃，油情似海，有动荡起伏，辗转艰辛，又恰逢盛世，幸运至极。今虽霜满首，丹心犹在。

◎ 蒋其垲在大庆油田科学研究设计院会议上讲话

一、开启石油人生

1932年3月12日,我出生在苏州(金狮巷),正是淞沪抗战(一·二八)之时,国难当头,祖父给我起名叫"兴",取"多难兴邦"之意。1949年4—5月,离高三毕业还有一个多月,我邀集六七个同学一起去无锡报考"苏南公学",当年11月7日加入中国新民主主义青年团,后又前往西南服务团(后又改为苏南农村工作团)开展革命工作。1950年考取南京地质探矿专科学校探矿班。1951年9月在燃干校学习结束,赴西北参加工作,为配合学校完成新学员辅导工作延至1952年4月才到石油管理局报到,至此开启了我的石油人生。

玉门油矿被誉为"中国石油工业的摇篮",20世纪50年代有近10年的时间我工作在玉门,深受熏陶,奠定了此生为油奋斗的基础。筹备组建"构造钻井队",后分配到西管局酒泉地质大队,先后在玉门周围的大红圈、白杨河、佛洞庙、惠回堡、金塔、永昌、潮水盆地等从事浅钻,配合地质调查,落实构造。在玉门的十年我由实习员、技术员到工程师,后来到处钻井科工作,俨然就成了钻井专业干部。在玉门的1956年是值得纪念的一年,4月6日入党(爱人李永华是3月7日),由技术员提为工程师,9月30日结婚,是为一年三喜临门。

回首青春岁月,拳拳不能忘,2017年7月15日提笔写下纪念诗词。

如梦令·追忆初进玉门
常言春风不度,
也曾亲历凄苦。
万里别江南,摇篮石油奔赴。
争诉,争诉,青春为油倾注。

二、转战大庆油田

1960年6月,我被点名调到了大庆。体会了大会战热烈、忙碌也颇为混乱的场面。生活是艰苦的,阴雨连绵,十分不适应,到处泥泞,住的是活动板房,夜间一场雨,往往将床下的脸盆,鞋子都泡得飘起来,到现场工作全凭两条腿步行。先在大庆会战指挥部搞了一段冬防准备工作,后在钻井公司,不久到水机电指挥部管水井钻井工作,任供水办公室主任。

◎ 蒋其垲（中）和闵豫、张瑞清合影

此时比较有意义的一件事，是指导钻井队解决了取岩心问题。

大庆石油会战开始，十分重视取全取准第一性资料，由于岩心是最直接认识研究地下油藏的第一手资料，因此岩心被称为"地质家的面包"（这种说法估计是从苏联专家带来的）。然而这个时候，用"苏式取心工具"，岩心直径不超过 50 毫米，收获率一般只有 30% 左右，不能满足地质要求。1960 年 4 月，在余秋里、康世恩主持召开的大庆油田第一次油田技术座谈会上，研究制定了油田勘探开发要取得 20 项资料 72 个数据，并提出了对录取资料"四全四准"的技术规范，其中"取心资料全"是重要的一项。但是取心结果很不理想。7 月，我刚来大庆，原在玉门认识的工程师王礼钦，此时是松辽会战钻井前线副指挥，知道我在玉门浅钻队，浅钻队很重视取心，就派我到现场去帮助解决这个问题。我到了 1275 队，提出用我们在玉门用过的单岩心筒、投砂、憋泵的工艺试一试，现场的人都不相信，说我们双岩心筒（内筒是专为保护岩心的）都取不好，何况你用单筒？在王礼钦支持下，我绘了图纸，制作了镶嵌钨钢钻头，准备了长岩心筒，教给工人如何操作。

蔣其凱 同志在一九六二年工作中

成績显著被評为五好紅旗手特此报喜

农垦场指揮部
政治部

一九六三年三月

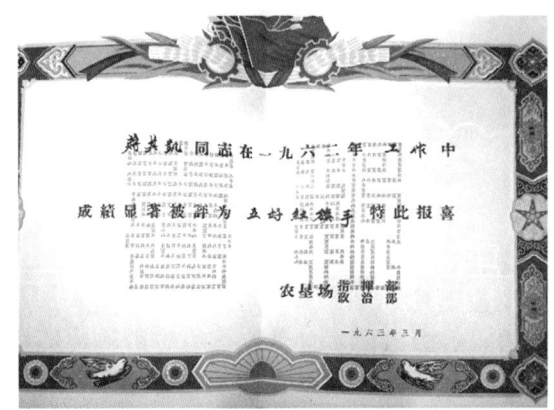

◎ 1962 年，蒋其垲获农垦场“五号红旗手”称号

喜報

蔣其凱 同志在一九六三年工作中成績

显著被評为五好红旗手特此报喜

一九六四年七月一日

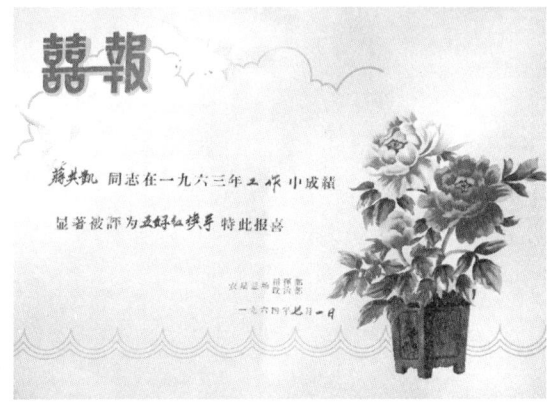

◎ 1963 年，蒋其垲再次获得奖励，获评五好红旗手

◎ 1962 年，蒋其垲（右一）任大庆水厂副厂长，与厂长朱洪昌（大庆五面红旗标兵之一）合影

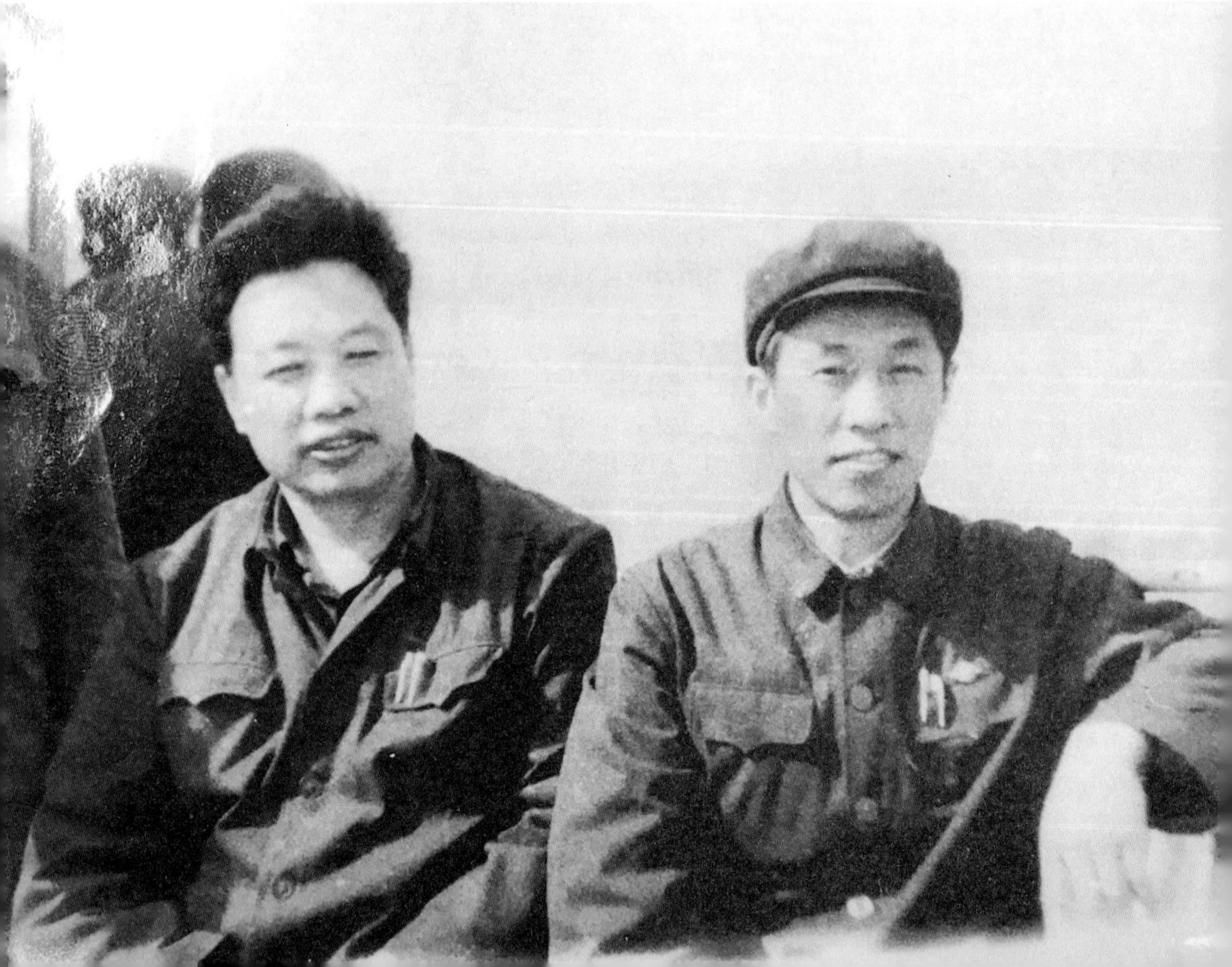

没想到在北一区3排井上初次试验就获成功，连续几次岩心收获率都在95%以上。看到整齐完整的大直径（120毫米）岩心从筒中出来，大家高兴极了，这个工艺很快就在大庆钻井队推广。记得在地质指挥所搞研究的石油学院女教授吴崇筠，亲自带队敲锣打鼓到井队感谢祝贺，大庆的取心水平整体上提高，更重要的是其地质、开发意义。后来在老同学裘怿楠的文章中看到这样的话："高品质的岩心提供了最直接的基础资料，凭着收获率高达95%以上和含油层系连续取心，建立起大庆油田的'四性'关系（岩性、物性、含油性与电性关系），从而建立了储层三大关键参数（孔隙度，含油饱和度和渗透率）的测井图版。"这些都是开展地质油藏研究的重要基础。钻井取心对大庆油田开发做出了重要贡献。1275队被评为"取心标杆队"，政工人员总结他们的经验是"思想政治工作做到了取心钻头上"，而忘掉真正的技术指导。我从来没有计较过此事，当时的思想境界是做贡献是应该的。该队指导员蔡凤岐不久被提拔当书记，又和我在水厂共事。这是我在大庆第一次真正在技术上作的贡献，是和我在玉门构造钻井队的经历分不开的。

三、水厂副厂长

不久，水机电指挥部分开，成立水厂，厂长是大庆"五面红旗"之一的老标兵朱洪昌，我任副厂长，书记蔡凤岐。三个人配合得很好，水厂本来规模不大，各项工作三个人一商量，说干就干，雷厉风行，卓有成效。记得时任会战副总指挥的张文彬局长在大会上表扬说：水厂三个年轻人，加起来年龄不到一百岁，但是工作搞得有声有色。我们钻水井，建水源，开展水文地质调查，装深井泵，掌握工业用水（主要是注水）和民用水的水质要求，管理供水、配水，等于一个城市的自来水公司的业务，完全是边学边干。在组织生产的同时，认真执行会战总部加强三基工作（基础工作、基本功训练、基层建设）的要求，主要是摸索建立岗位责任制度。大庆从1961年中一注水站"一把火"后，由宋振明蹲点探索建立岗位责任制度，从采油、钻井等基层开始，水厂也参与了全过程，而且许多地方很有成绩。我们学会了培养典型，以典型引路的工作方法，先后培养了建立执行岗位责任制的集体典型——西水源，以及配水工的典型张贵。我还特别下功夫总结了西水源老工人马登嵩（和我在玉门时就在一个班上）从严执行岗位责任制的体会，叫作"岗位责任制的灵魂是岗位责任心"。这也成了大庆岗位责任制的经典语言，至今铭刻在西水源的大门口，西水源成为大庆石油会战传统教育的基地之一。康世恩文集中关于大庆执行岗位责任制的文章中也有老工人马登嵩的这句话。

四、见到周总理

1964年冬天,我被抽调参加"101.444"会战。这是大庆油田开发史上重要的里程碑之一,即由过去的笼统注水进入分层注水的阶段。"101.444"是组织一次小会战,集中在101口井中分隔444个层段,将分层注水技术,由点到面,工业化、规模化实施。除了采油的作业队之外,抽调一批钻井队参加,尤其利用冬季严寒,在水泡子上将夏天无法施工的井干完,时间紧,任务重,专门成立会战指挥部,指挥李敬,我配合李敬主持办公室的工作。现场冬季施工真是"身穿冰激凌,严寒何所惧,干活出大汗,北风当电扇"情景,感动得来大庆的沈阳军区歌舞团的演员上井场慰问演出,为工人缝补衣服。我们组织调度如期完成了会战任务。几个月的忙碌,是为踏入采油行业的一次预演。

◎ 1973—1974年,将其垲(右一)任大庆第二采油指挥部指挥。图为蒋其垲站在大庆第一口油井前,向解放军指战员介绍大庆精神(将其垲供图)

1965年初,"101.444"会战结束,我就调入采油一部任副指挥、总工程师,可是我一天也没学过采油,压力很大,几乎是寝食不安,曾找过李敬谈心,他一席富有哲理的话使我启发很深,他说,你不要以为今天很难,将来终有一天你会认为采油没有什么了不起的。在采油一部主管工程技术大队、管岗位责任制度等,向老的指挥孙燕文、王思文等学习,前后也就是一年左右,1966年5月在北区成立采油三部,又奉调和李惠新等搭班子,他任书记,我任指挥,这就是人称采油三厂第一任厂长的来历。

采油三部成立的第二天,接大庆会战指挥部通知,周恩来总理要来视察,是看北二区三排油建的一个施工工地,属三部的辖区,让我接待。1966年5月4日,我挑了一件自己最好的毛料中山装穿上,早早来到工地。这是总理第三次来大庆,是陪阿尔巴尼亚谢胡主席来大庆参观的。周总理和随行人员是坐一辆大轿车来的,看见大轿车停下,我紧走几步,迎了上去。我是第一个和总理握手的,宋振明作了介绍。握手的那一瞬间,我看到总理呢子上衣的袖口都洗得发白了,而我这身毛料衣服比总理的旧呢子好多了。我当时非常感慨,周总理太朴素了,太值得我们钦佩了。这个工地是展示当时挖铺管线的一项新工艺,工人俗称"乌龟背长虫",康世恩、宋振明向总理详细介绍,当时的留影(我也在内)一直收录在总理的画册中。

五、"四个大干"诞生记

20世纪70年代,"四人帮"还在台上,他们干扰破坏国民经济的正常运行,颠倒黑白,混淆视听,鼓吹什么"宁要社会主义的草,不要资本主义的苗",大批"唯生产力论",动不动给坚持工作、生产的干部群众扣上"以生产压革命""复辟资本主义"的帽子。一时搞得人心惶惶,思想混乱,许多人无所适从。这时却石破天惊,从大庆传来一阵响亮的口号:"大干社会主义有理、大干社会主义有功、大干社会主义光荣、大干了还要大干!"口号从大庆传到黑龙江及东北三省,迅速传遍全国。从工厂到农村、到交通运输、文教卫生、服务等各部门、各行各业,鼓舞着人心,振奋起人们的精神面貌。当时不仅大小城市,连遥远的边疆到偏远的山村,都能见到醒目的"四个大干"的大字标语,这是人们积压心底已久的呐喊,是对那股逆流愤怒的声讨。

这个口号是怎么出炉的呢?曾经流传过不同的说法,有意无意地争夺其"发明权"。直到曾任大庆市市长,大庆管理局局长的王苏民,在纪念宋振明逝世十周年的纪念文章中披露了这个过程,从此才澄清了事实,有了定论。

◎ "大干社会主义有理，大干社会主义有功，大干社会主义光荣，大干了还要大干" 标语

◎ 大庆油田 "四个大干" 响彻全国

下面摘录一段王苏民的文章："……五月的一天《人民日报》发表了《抓革命，促生产》社论，中央也下发了《关于抓革命，促生产的通知》。宋振明同志见机而动，向群众宣传中央精神。一天，我和焦武勋陪他到采油二部，给职工宣讲中央通知。在他宣讲过程中，采油第二指挥部指挥蒋其垲插话说：'现在有一种说法，说小干小错，大干大错，不干没错，工人很反感，非常气愤'。宋振明即兴脱稿发挥，对蒋其垲和党委书记唐恩来说：'你们要理直气壮地讲，大干没有错，大干有理；大干没有罪，大干有功；不干，半点马列主义都没有，不干才是最大的错'。回到总部以后，他反复思考，与陈列民同志进一步琢磨完善，针对'四人帮'的政治喧嚣，提出了'四个大干'的口号。很快这个口号就响遍了全油田，传到了全省，乃至全国。"

其时，大庆正按周总理和国务院的指示，开发动用作为战备油田的喇嘛甸油田，宋振明亲自组织实施大会战，"四个大干"口号适时地成为喇嘛甸开发会战宣传鼓动的最强音。

◎ 蒋其垲在大庆油田科学研究设计院留影

◎ 1974年8月，蒋其垲（成人左二）向卡车上的劳动模范敬酒

◎ 1974年8月，蒋其垲（右二）为劳动模范佩戴大红花

◎ 1975年1月，蒋其垲学习《毛泽东选集》

1974年8月下旬，大庆又召开油田先进单位、模范人物表彰大会，这是自1960年会战誓师大会以来，十多年来最隆重、最具意义的一次盛会。会上表彰了3700多名先进个人和400多个先进集体，树立了周占鳌、屈清华、吴全清等新的十大标兵。他们披红戴花，举着"四个大干"的旗帜，分乘数十辆大卡车，浩浩荡荡围绕百里油田，举行一个下午的大游行。每到一处，职工家属敲锣打鼓，载歌载舞，就向当年慰问胜利归来的子弟兵一样欢迎慰问。此举使大庆人倍受鼓舞，激发起更高大干社会主义的热情积极性。

六、结语

　　在大庆受到的教育和熏陶，真正是一辈子受用不尽，永远铭记在心。时至今日，回头看，大庆这些经验也不过时。虽已耄耋之年，作为石油人，传承石油精神、大庆精神铁人精神的初心从未改变。通过多年的积累和整理，我筛选出一批石油发展史上有意义的题材用幻灯片的展示形式开办了"石油文史"讲座。在老年大学和在岗员工中进行宣讲，分别完成《缅怀先贤功绩，不忘为油初心——纪念大庆油田发现60年》《为油捐躯的勘探人员》《石油诗人李季在玉门》《亲历孙建初追悼会》《余秋里在玉门》等11个专题。身虽退，心犹在，石油是我一生的缘分，我还有余热发挥，为党奉献，为石油讴歌。

　　"夕阳无限好，何愁近黄昏！"

"沙海之谜"诞生记

向 前

　　在新疆维吾尔自治区成立50周年之即,从电视、广播与报章等各种媒体,频频传来新疆50年来欣欣向荣惊人的变化,尤其当我得知南疆塔克拉玛干大沙漠的腹地油井批量生产,大规模开发时;当大量的天然气通过"西气东输"数千公里的管道,源源不断运输到长江三角洲华东地区和京津唐华北平原时,我激动兴奋不已,感触良多,心潮澎湃逐浪高。1958年,我为了拍摄纪录片,曾跟随塔里木石油勘探队、率领100多峰骆驼,从北向南穿越塔克拉玛干大沙漠,从早走到晚整整走了35天的极限之旅。

◎ 1958年,驼队穿越塔克拉玛干大沙漠

往事并未如烟,想起1958年前穿越沙漠时艰难困苦的情景,像一幕幕的电影画面,在脑中闪现,清晰可见,彻夜难眠。

1958年秋,在北疆准噶尔盆地的边缘,克拉玛依工地上召开了全国石油战线比武誓师大会,在会上我听到南疆塔里木石油勘探队冬天要穿越塔克拉玛干大沙漠去寻找石油与天然气,当听到这个消息之后,我兴奋万分,立即赶到阿克苏塔里木石油矿务局的驻地去探访,我千方百计向矿务局领导要求,要跟随勘探队穿越大沙漠的腹地实地拍摄影片。他们表示:欢迎八一厂的同志,不怕困难和艰苦穿越沙漠去拍摄勘探队寻找石油的镜头,但可以在沙漠边缘南北两端拍摄,不必穿越沙漠腹地,那样太危险,出了问题负不起责任。当时年少气盛,特别愿意到危险地方去冒险,我反复向石油矿务局领导解释,我们拍摄纪录片不能弄虚作假,必须到现场拍摄真人真事,纪录片是时代的见证,只有身临其境,在真实的环境里拍摄,才能令人信服、才真实感人、才有历史的价值。他们说多进一个人就要十多峰骆驼后勤保障,你们不能多去人,我答应了。由于携带的胶片较多,我只带一名助手随队前往。

◎ 1958年,重磁力队各族员工在塔克拉玛干沙漠中升起国旗,载歌载舞庆祝节日

◎ 1958年,新疆石油管理局地质调查处塔里木勘探大队重磁力地质联队走进沙漠

◎ 1958年12月，新疆石油管理局奋战270天前后9次横穿塔克拉玛干沙漠，被石油工业部授予"勇敢的石油工作者"称号

"塔克拉玛干"是维吾尔语，意思是进去出不来。是仅次于非洲撒哈拉大沙漠，世界上第二大沙漠，是我国最大的沙漠。它东西 1000 千米，南北 500 千米，总面积 46 万平方千米，有两个英国本土的面积，19 世纪瑞典探险家斯文赫定曾沿着塔里木河进入沙漠，由于缺粮断水，只身逃出沙漠，无果而返。

1958 年冬天，所有人员陆续在南疆孔雀河畔的库尔勒集结，维吾尔族驼工赶着一百多峰骆驼，从数百千米外喀什地区过来集结；勘探队测量人员带着各种测量仪器从阿克苏库车赶来；后勤人员抓紧时间采购各种物资，包括骆驼吃的草料，吃饭烧水用的木柴、油、盐、酱、醋等物，所有吃的、睡的、喝的以及途中用的各种物品全都要购置齐全，缺一不可。我调整大盒电影胶片倒成百尺一卷的小卷装入防潮的胶片箱中。所有准备工作做好后，又到尉犁县城附近塔里木河畔安营扎寨，择日起程。

沙漠之舟骆驼在河边饮足了水，进入沙漠后所有的人用水、吃水都要受到严格的限制，所以所有人员在进入沙漠之前都在河边洗了个痛快。

出发时间到了，清晨，天高云淡，风和日丽，迷人的阳光照耀在塔里木河上，我们一行数十人骑着骆驼告别了送行的人群，向沙漠深处走去。

勘探队里的报务员带着发报机，炊事员带着全部主副食和行军锅，摄制组里的制片携带数千英尺胶片，全部物品都驮在一百多峰骆驼上。长长的驼队，浩浩荡荡尾随勘探队向南涉行。

穿过一片盐碱地后，开始翻越沙丘，进入了一望无际茫茫的沙海中，前一二天途中还能偶尔看见一两只飞鸟、野兔和稀稀落落的骆驼刺似的草，七八天后，沙丘愈来愈高，一个连着一个，像海上的波涛，无边无际，一眼望不到边，四周静悄悄冷清极了，没有任何声音，飞禽走兽全都绝迹，死一般的寂静。偶然在途中看见死去多时野骆驼的尸体碎骨在沙中露出。

我背着手提摄影机和部分胶片、黑布口袋等物品，尾随石油勘探队的测量人员，在沙漠中作业面前后跑来跑去地拍摄。大地测量，三点连一线，前后标杆和经纬仪，自北向南定点定位地移动，重力仪和磁力仪尾随其后，随行的测量技术人员中还有一位年轻的姑娘。

刚开始进入沙漠怕掉队，迷失方向，紧紧跟着测绘人员，一步也不敢离开。时间一长，胆子大了起来，就失去了警觉，一天中午，我为了寻找一个高角度拍摄位置，爬了一座沙丘，又爬了一座沙丘，待我爬到沙丘顶上，举目瞭望，一座座沙丘无边无际，一眼望不到边，大海中汹涌的波涛在眼前展现，而随行的勘探队中所有测量人员和长长的骆驼队全部看不见消失了，没有一点踪影和足迹，在沙漠中，东南西北、前前后后，没有任何明显的标志，全部是一样形状的沙丘，我吓得全身无力，恐慌极了，两只脚像千斤般沉重，脚也抬不起来走动一步，浑身上下出了许许多多的冷汗。当时不知所措，我告诫自己，千万不要慌乱，一定要安定镇静，坐在原处，一动也不动，千万不要乱跑，我喝了几口水，慌乱的心情逐渐平静下来，过了一会，站在沙丘顶上，举目远眺，突然看见沙丘下有一面小红旗在晃动，我高兴极了，欣喜若狂，迎着小红旗走去。事后我将迷失方向掉队之事告诉勘探队的领队，他一再告诫我，在沙漠中安全第一，千万不要乱跑，以后拍摄不能跑远，只能在勘探队和骆驼队附近，否则真要"塔克拉玛干"，进去出不来了。

我们一行人日出而行，日落而息，从黎明走到黄昏，从白昼走到黑夜，当夜幕降临时，天际渐渐暗下来，我们停止了一天的行程，开始安营扎寨，在沙丘畔，搭起了帐篷，我们从骆驼上取下行李行装，炊事员拿下行军锅，开始生火做饭，寂静无人的沙漠里开始冒出炊烟，行走了一整天，中午每个人喝几口水，吃一点干粮，傍晚能吃上一口热饭、喝上一口热汤、喝上一杯热茶，就觉得特别的香甜，是最大的满足，最美的享受了。

在帐篷里点上马灯，勘探队员开始室内作业，整理测量的数据。报务员支起天线，开始向基地发报，报告一日的行程和安全测绘的情况。我也开始忙碌起来，整理一天拍摄的场记和胶片，从胶片箱中取出没有拍过的胶片放在包里，准备在第二天拍摄，将拍摄过的胶片密封好装入大胶片箱，装在骆驼背上。最使人担心的事，就是在沙漠中要小心翼翼地装卸胶片。为了保证拍摄过的胶片不被沙粒划伤，要千方百计、十分小心地精心操作才行。

勘探队里许多人都是有文化的技术人员，在沙漠上艰苦行走，紧张忙碌工作了一天，他们特别高兴，特别兴奋，特别激动，诗兴大发，在帐篷里高声朗诵大作"我为祖国找石油，踏遍沙海茫茫路，他日油井开发时，勿忘佳音告乃翁……"我这人特别能睡觉，只要头一靠上枕头，三五分钟之内，就能呼呼大睡。他们后来到底又说了什么，我也就一概不知了。

第二天，天刚刚亮，赶紧起床吃了早饭，又开始新一天的行程。一日复一日，向南步行，大约走了十多天，在沙漠南端靠近且末县不远的沙漠中，发现了"露头"，根据测绘的资料，这附近的沙漠地下可能蕴藏着大量的油气。人人欢腾，兴高采烈。傍晚在篝火边美美地会餐，吃了一顿美味可口的羊肉泡馍，以示庆贺。

我们整整地走了35天才走出沙漠。走到大沙漠南端且末县与若羌县之间的公路上，那时矿务局领导早已派了汽车在公路旁等候我们。

在荒凉寂寞的沙漠中生活了一个多月，特别渴望能早一点赶到人多热闹的若羌县城，所以没有休息就连夜乘车去赶路。在快到县城时，汽车突然掉进了冰河里，前不能走，后不能退。这里非常荒凉，十天半月也不会有汽车经过，只有靠自救了。所有人员都奋不顾身地跳下冰河，在水中推汽车。经过四五个小时的奋战，终于将汽车推出河床，推到公路上，开始上路了。到达县城后，所有人的棉衣都湿透了，全都围在火炉旁，将棉衣烤干后，才上床入睡。

这次穿越沙漠拍摄影片，是纯自然主义，见到什么有趣的材料，就拍什么，虽然在沙漠腹地中拍摄许多真人真事、艰苦生活的镜头，但缺乏完整的艺术构思和巧妙引人入胜的艺术技巧，拍出来的影片显得枯燥乏味和单调，在沙漠的途中，我曾听到勘探队员说过，在和阗地区靠近民丰县的不远的沙漠里有一座古城，被埋在沙漠之中。当我听到这样的好消息后，立即又赶到乌鲁木齐找到新疆石油管理局的领导，请求他们能组织一支轻便骆驼队去民丰附近沙漠中拍摄被沙丘淹没的古城遗址，石油管理局的领导全都是部队转业的干部，听说是部队自己的电影制片厂摄影师要去沙漠中拍电影，十分支持，满口答应下来，立即给南疆塔里木矿务局打电话，要他们尽快组织一支轻便的骆驼队，去和阗地区民丰县附近的沙漠里拍摄古城遗址。

春节刚过，我赶到和阗地区的民丰县城，在沙漠中走了三天后，看见一大片高大的胡杨树林，生机盎然，高高的笔直树干，金黄色浓浓的树叶笼罩着沙漠，美丽非凡。骆驼队在树林中穿行，人人都非常高兴，欢欣鼓舞。又走了半日，由于水源断绝，所有胡杨树全都枯死，奇形怪状地躺在沙丘之中，十分恐怖。不一会儿，被沙漠掩埋的古城遗址隐约可见。我们赶紧加快了步伐，赶到遗址附近，断墙残壁，倒塌的灶台、弯曲的街道，都清晰可见。我们在古城遗址发掘一些文物和汉代的五铢钱。由于时间有限，人手又不够，随行同来的只有一名考古人员，我们只能浮光掠影拍摄被沙漠掩埋的古城遗址，就匆匆离去。

这部"沙海之谜"纪录影片编辑后在全国放映，由于影片的解说词中找"油"与制造原子弹的"铀"发音近似，有关领导怕涉密引起误解，这部穿越塔克拉玛干大沙漠的影片就被打入冷宫，放入片库，束之高阁了。

在编研向前同志这篇文章时，我们想方设想联系到当年穿越沙漠的女队员之一——袁秀蓉女士，又与向前夫人陈淑莲女士取得联系，促成两位老人半个多世纪的通信，两封通信字里行间情真意切，感人至深。现将书信稿承以此，以飨读者。

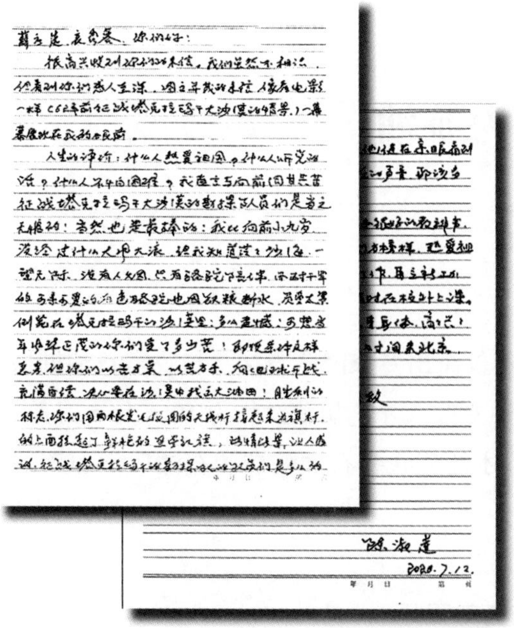

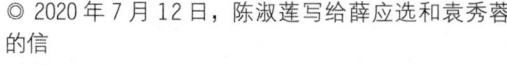

◎ 2020年7月12日，陈淑莲写给薛应选和袁秀蓉的信　　　　　　◎ 2020年7月12日，陈淑莲寄信信封

◎ 2020年7月25日，薛应选和袁秀蓉写给陈淑莲的信

赤胆忠心为航油

郑 冰

20 世纪 50 年代是中苏友好蜜月期，苏联不仅派出专家团队直接参与我国石油勘探、开发、炼油厂建设，还为我国培养了一大批石油专业人才。胡菽兰作为 1955 年 5 月第二批派驻苏联的留学生，与全国 300 余名专业人才赴苏联各石油院校和石油厂学习深造，回国后又投身石油工业的发展建设中。

一、立志做红色工程师

1928 年，胡菽兰生于辽宁省沈阳市开原县（现开原市），她亲历了东北沦陷 14 年亡国奴的苦难岁月和光复后国民党反动政府贪污腐败，也看到共产党带领人民过上好日子。胡菽兰的父母非常重视孩子的学习，从小就告诫她："不要做绣花枕头腹中空的人，也不要做站着说话不腰疼的人。" 1949 年，21 岁的她考入东北工学院（现东北大学）化工专业，从此与石油结下不解之缘。

1953 年大学毕业前夕，老师在胡菽兰的笔记本上留言："希望你成为一名红色工程师！" 胡菽兰坚信，只有个人选择与时代要求契合才会更有价值。带着寄语和希望，她来到抚顺石油二厂实习。当时正值燃料工业部石油管理总局批准恢复石油二厂 3 部 60 台干馏炉和辅助设施的建设。胡菽兰第一次感受到石油炼制工业化的宏大场面，虽说条件艰苦，但干部和工人的干劲都感染和影响着胡菽兰。

◎ 中学时代的胡菽兰（上左一）

◎ 1953年胡菽兰（左一）在石油二厂实习

二、苏联学成归来扎根兰炼

1953年，胡菽兰毕业之后，被分配到兰州炼油厂（简称兰炼）筹建处。为掌握国际最新石油炼制技术，兰州炼油厂筹建处将她派往苏联工厂进行深造和学习，在北京参加俄语培训班后，1955年胡菽兰被派往苏联格罗兹宁炼油厂。她在日记里写道："格罗兹宁是老工业基地，每个工艺装置都有数套排列，很宏大，也很让人仰慕。"之后她又前往鞑靼共和国进行学习。在苏联炼油厂里，胡菽兰发现苏联的技术干部中女同志特别多，这些女同志在企业技术管理中承担着重要职能，她感受着她们从容熟练指挥生产的魄力，也从这一刻开始下定决心，要好好学习苏联的石油技术为祖国献石油。

1958年，胡菽兰学成归国，当年新中国第一座现代化炼油厂——兰州炼油厂建成准备正式投产，亟须大批建设人才。她放弃了石油部发来的总部秘书任职邀请，因为她听到自己内心真正的声音"我要去一线，我一定要去一线，我要把我在苏联所学到的、看

◎ 1955 年，胡菽兰（后排左八）与苏联格罗兹宁炼油厂同事在风雪中合影

◎ 1958 年，胡菽兰（左）与苏方技术人员在兰州炼油厂叠合装置前合影

到的，在自己的祖国实现。"带着这个强烈信念，梳着齐耳短发的胡菽兰，毅然决然地背起行囊前往千里之遥的兰州。炼油处先后派胡菽兰到大连七厂参与叠合汽油生产，数月后又派她去锦西石油五厂配合苏联专家主持叠合装置开工，之后派她前往抚顺石油一厂参加叠合装置开工。1958年秋天胡菽兰回到兰炼，在二车间负责气体分馏、异丙苯两个装置开工准备工作。在一年多的时间里，她接连参加多套叠合装置设计生产试运，见证了车间汽油辛烷值从56号提升到70号，无数成绩的取得令胡菽兰兴奋不已，坚定了她扎根兰炼的决心。

三、研制新中国 95 号航空"争气油"

1959 年 4 月,胡菽兰被任命为二车间副主任,作为石油化工专家重点负责国产航空汽油的研制工作。胡菽兰记得,1959 年 8 月,厂长徐今强把她和龙显烈(总工程师)、张皓若(车间主任)叫到办公室,厂长跟我们说:"给你们一个任务,在国庆前,把 95 号航空汽油拿出来,为祖国 10 周年大庆献礼。""什么?不可能,只有 60 天",可说归说,胡菽兰和工程技术人员扛起所有压力,投入到国产航空汽油研制工作中。因为时间太紧,试验过程被大大缩短,只能直接在装置上进行试验,一天就是七八百吨柴油的处理量,成本和风险都非常高。初期他们用尽了一切办法都未研制成功,眼见国庆临近而攻关依旧毫无进展,重压之下,她心里默默盘算了一个试置方案,胡菽兰张口就向徐今强厂长要了 5000 吨柴油,这可是当时一个省级的油品用量啊!听了她计划从原料和催化裂化上入手进行调整的方案,徐厂长稍加思索后极具魄力地回答:"这个学费肯定是要付的,你大胆地去试验吧!"当场打电话给厂里的总调度长:"给胡菽兰 5000 吨柴油,让她做试验。"吃了"定心丸"的胡菽兰夜以继日地投入到新的研发工作中。

1959 年 9 月 27 日,中华人民共和国成立 10 周年大庆前三天,兰州炼油厂上空传来巨大轰鸣声,只见数架超低空飞行的飞机在头顶盘旋。这是中国人民解放军空军飞机第一次用兰州炼油厂生产的航空汽油飞上蓝天。胡菽兰记得,飞机特意在兰州炼油厂上空盘旋数圈,以表达对 1 万多名兰州炼油厂职工的感谢和敬意。中国不能生产 95 号航空汽油的历史从此结束。这次试飞成功也打破了苏联专家关于"玉门石油只能生产最低排号的 91 号航空汽油"论断。胡菽兰仰望着用自己试制成功的航空汽油翱翔在天空中的飞机,感慨万千,两个多月的辛苦化作会心的微笑,内心无比充盈饱满。

四、周总理远调"牛郎"会"织女"

1959 年 10 月 14 日,周恩来总理视察兰州炼油厂。"对于总理要来兰炼的事情,事先我们不知道,厂里保密工作做得很好,我们只知道厂里要来一位首长。那天党委书记把我叫到办公室,说你们主任不在,你准备一下。"胡菽兰没多想,按部就班做好日常工作的同时,回车间又特别布置了安全工作,防止出现安全事故。"我当时想,估计就是让我检检装置做做外围保障,把职工队伍组织好,防止出现特殊情况。"为防止新建电梯出现故障,胡菽兰和维修工那天就守在钢架顶端的电梯口。当首长和厂领导乘坐电梯开门的那一刻，胡菽兰与走出电梯的周总理打了个照面。胡菽兰说，"怎么是总理，太惊讶了，我当时惊呆了，回过神赶紧低头看了一眼自己身上那件发灰的外衣，怪自己穿得不够好看。总理走上前跟我握手，亲切而有力。"总理询问军用油品试制和生产情况，厂长徐今强、总工程师龙显列一起抬手招呼胡菽兰给周总理介绍情况、汇报工作。胡菽兰回忆，当时紧张得不得了，手心出汗，汇报到最后甚至忘了跟总理说声谢谢。在他们交谈的过程中，新华社随行记者拍下了胡菽兰向周总理汇报工作的珍贵照片。几经周转拿到这张照片后，胡菽兰一直把它带在身边，现在家中摆放的这幅尺寸放大、镶起相框的照片，就是1988年她退休当天离开兰州炼油厂时，党委书记代年喜送给她的纪念。

◎ 1959年，胡菽兰（前排右四）与航空汽油研发团队在兰州炼油厂合影

听完胡荻兰的工作汇报后，周总理关切地询问了她的个人情况。"总理问我结婚没有，我们厂长马上接过话来，说我已经结婚了，爱人在东北工学院，一个在西北，一个在东北，至今还牛郎织女呢。"胡荻兰清楚地记得，当时周总理就是照片上的姿势，双手抱在胸前，说着说着就开始沉思……"西

◎ 1960年，胡荻兰和爱人陈恩海

北需要人，还是把胡荻兰的丈夫调来西北工作吧。"之后不久，在总理的亲自过问和关心下，胡荻兰丈夫陈恩海从东北工学院调到兰州石油学校，解决了胡荻兰和丈夫两地分居达6年之久的实际困难。周总理的关怀是激励胡荻兰一生努力前进的动力。

五、研制100号航空汽油

1960年大年初一，陈恩海用自行车拉着行李把胡荻兰送到车间，兰州炼油厂的科技工作者又投入到100号航空汽油的研制工作中。"当时苏联专家对我们技术发展帮助很大，但没有留下任何支持制造100号航空汽油的装置设备和核心技术。"胡荻兰和同事们只能靠自己，每天吃住都在厂里，春节进厂五一才回家。就是凭着这股干劲，1959—1965年，他们经历了无数次试验和失败，摸索总结出经验和窍门，确定了所需的材料和设备，100号航空汽油研制终于取得了成功。还没从胜利的喜悦中缓过神，试飞的军用机技术参数出现了问题，她接到了空军的电话，告诉她汽油不合格，飞机升线速度比标准差了0.32秒，还需要改进。胡荻兰心想："也太挑剔了，不就差了0.32秒吗，这也算误差呀……"对方严肃地说："零点三秒在战场上能起决定性作用，零点三秒直接决定着战争的胜负，决定着飞行员和飞机的生命财产安全。"胡荻兰听了惭愧难当，立刻扎实改进方法，最终研制出合格的油品。胡荻兰是兰炼每一批次军用油品出厂的"盖章人"，她深知生产出

◎ 1960年，胡菽兰（前排左二）与100号航空汽油研发团队合影

来的油品是国防必需品，与祖国的安危息息相关，要确保兰炼军用油品质量100%合格。兰炼军用油品还曾供给国家洲际导弹试验，万无一失，是她工作的唯一标准。研制和生产军用油的几年里，胡荻兰亲历了两次重大安全事故，班组长为装置安全献出了年轻的生命，这样的情况也没有让他们放弃前行的脚步。那些年他们没有外援、没有资料、没有电脑，胡荻兰这些老一辈兰炼人却创造了中国炼油工业发展史上前所未有的高速度。从中国第一桶"争气油"开始，相继生产出95号航空汽油、100号航空汽油、20号航空润滑油、16号坦克机油、8号航空润滑油、1号航空煤油，这些都是兰炼独家生产的核心技术。

六、心系祖国石油炼制事业

胡荻兰1954年结婚，1960年爱人陈恩海从东北工学院调到兰州石油学校。胡荻兰说她那时想的都是自己的事业，其实对爱人不公平，但爱人包容了她、呵护了她一辈子。他从大学调到中专，采矿专业跨到石油专业也不对口。他刚来那会儿，正好在航油研制的关键阶段，产品指标总是不稳定，胡荻兰在厂子里一住就是几个月，家里的事都是爱人承担。现在想想，他克服了太多的困难。陈恩海也用自己的学识和经验培养了一大批石油石化后继人才，所有的牺牲和付出都是在给大西北的石油工业打下基石。

胡荻兰说："研制阶段，我和其他同事以厂为家，每天只管工作，其他事情党和组织都替我们想好了。"她说有一天党委书记唤我去他办公室，还特别急。看房间有人，胡荻兰说："书记您办公室有人，我等会再来。"书记说，"就找你，这位是我给你请的妇科大夫，给你看看病，怎么就不生孩子。""你说我们这一代技术人员多幸福，生不生孩子，领导都替我们着急。"胡荻兰回忆，当时不生孩子一是因为夫妻两地分居，二是虽然后来到一起了，但因为研制工作忙而没有时间考虑生育的事情。

1963年8月11日，年过35岁的胡荻兰才生下儿子，取名陈赤航。孩子出生时，正值兰州炼油厂航空汽油开始批量供应，作为纪念，她和爱人商量就把孩子的名字定为"陈赤航"，意为赤胆忠心为祖国献航油，表达他们全家对祖国航空汽油的赤诚之心。

胡荻兰说，他们那一代石油人没有虚度年华，那些年石油部开展技术会战，兰州炼油厂开展扩大产量会战，虽然很累，但是在石油系统"苦干、大干"精神的鼓舞下，作为石油人感到无比自豪。胡荻兰把自己的一辈子都奉献给了石油炼制事业，她放弃了很多次离开兰州，去更好地方发展的机会。她说：要走时吵吵闹闹，真要离开时却哭得不

◎ 1963年8月11日，35岁的胡菽兰生下儿子，取名陈赤航，意为"赤胆忠心为航油"

行，还是这份一起成长的舍不得，让她和兰州炼油厂紧紧地联系在一起，决然留下，选择陪伴。即便是退休以后，胡菽兰也不想离开，退休生活的15年间，她协助企业完成了很多技术攻关，先后参加编写了《兰炼企业史》等多部书籍，她将所有的积累、所学和技术经验毫无保留地奉献给了她热爱的兰州炼油厂和祖国的石油炼化事业。

一首歌曲伴我行

阳柊杉

"锦绣河山美如画，祖国建设跨骏马，我当个石油工人多荣耀，头戴铝盔走天涯……"每当石油人集会时，《我为祖国献石油》这首激越撼人心扉的歌曲就会响彻耳畔。这首歌诞生于轰轰烈烈的大庆石油会战时期，歌颂了石油工人为祖国的石油事业，不怕苦不怕死不怕累的无私奉献精神，成为传唱半个多世纪的经典歌曲。

1994年，中国石油天然气总公司授予作曲家秦咏诚"石油工人作曲家"称号。歌唱家刘秉义几十年坚持演唱这首歌，被授予"荣誉石油工人"称号。2009年，《我为祖国献石油》成为中宣部推荐的100首爱国歌曲。2013年5月，中国石油天然气集团公司党组印发《中国石油企业文化建设工作条例》，确定"我为祖国献石油"为企业核心价值观，歌曲《我为祖国献石油》为司歌。2018年6月15日，中国石油大学把这首歌定为校歌。

召 唤

1960年，东北松辽平原发现大油田的喜讯，让全国人民无比激动。许多文艺工作者争相到大庆油田采风，创作反映这一重大题材的作品。1964年3月中旬，中国音乐家协会组织作曲家到大庆油田体验生活。著名作曲家、沈阳音乐学院院长李劫夫接到通知，请他务必在3月20日到黑龙江省萨尔图报到。他患有多种疾病，学院党委安排青年作曲家秦咏诚陪他一起"北上"。

3月21日，到大庆的第二天，他们开始每天上午上大课学习石油科普知识。10天后，大庆工委安排他们下基层体验生活，并给他们提供原始资料。李劫夫、王莘（《歌唱祖国》的作曲家）和秦咏诚，被安排在1202钻井队蹲点体验生活。他们在井队工作了两天，和钻工们一起去井场，一起吃饭，一起座谈。

◎ 1964年，大庆油田政治部领导同文艺工作者、接待组成员在"文化大院"里的合影

　　在大庆井场李劫夫和秦咏诚也参加劳动。他俩抬了一下钻杆，居然抬不动，虽然戴着棉手套，手却冻僵了。而石油工人在那样艰苦的条件下，却干得兴致勃勃。

　　在1202队待了2天后，他们回到了招待所。秦咏诚回想着井场见到的一幕幕：简陋的设备、恶劣的气候条件、艰辛的劳动、高昂的情绪和冲天的干劲，一切不可能在这里都成为可能。石油工人离乡背井就是为了给新中国创造一个传奇。

　　当时，钟珊在会战工委宣传部负责接待来访工作，安排作曲家们下基层钻井队、采油队、油建施工队体验生活、采访、召开座谈会等，并给他们提供一些资料。接触多了，她和他们都熟了，特别是音乐家李劫夫和秦咏诚。钟珊是湖南人，爱唱湖南民歌，请教他们的时候比较多。有时，他们为心仪的歌词谱曲，也常叫她去试唱。并叮嘱她看到比较好的歌词，推荐给他们。

◎ 1964年，铁人王进喜（前排中）在八栋前与作家和文艺工作者们的合影

◎ 1964年，秦咏诚（前右一）与石油工人交流创作心得

那时候，大庆工人诗人特别多，他们的作品有的在赛诗会上朗诵，有的写在井场的板报上，写得特别好的，会刊登在会战工委机关报《战报》的副刊上，薛柱国写的《我为祖国献石油》吸引了钟珊，看着看着她不由自主地流下了热泪。当时她从克拉玛依油田来大庆参加石油会战，诗歌的内容她感同身受。她立即拿着报纸去找李劫夫和秦咏诚。

他们俩读了这首诗也兴奋得睡不着觉，当晚研究，连夜谱曲，歌词一字未改。秦咏诚很快就完成谱曲，并要钟珊试唱这首歌。他们边教她边唱，唱了好几遍，唱到"哪里有石油，哪里就是我的家"的转高音部分时，钟珊在中间"自作主张"停了个半拍，秦咏诚觉得加得恰到好处，当场拍板："就这么定了！"

歌词形象生动，人物鲜活，将石油工人豪迈、乐观的情绪和战天斗地的大无畏革命精神描绘得入木三分，一组快节奏的乐曲跃动着。大庆油田文工队给石油工人演唱了这首歌曲，非常受欢迎。很快，这首歌就在东北乃至全国传开了。

广大石油工人熟知秦咏诚这个名字。大庆人告诉他，铁人王进喜的奋斗精神是大庆宝贵的精神财富。《我为祖国献石油》这首歌曲所展示的石油工人的精神风貌。应该说这首歌是秦咏诚与石油职工共同创作的。有了它，才有了后来一系列石油歌曲。因为这首歌，秦咏诚和石油人结了缘。

心　声

"头顶天山鹅毛雪，脚踏戈壁大风沙，嘉陵江上迎朝阳，昆仑山下送晚霞。天不怕地不怕，风雪雷电任随它……"明快而富有弹性的节奏，跳动起伏的旋律线，好像满载着石油工人的列车驰骋在祖国的锦绣河山，从大西北风驰电掣般地驶向千里之外的大东北。形象地描绘出石油工人转战南北、四海为家的豪情斗志和乐观昂扬的大无畏精神。歌唱家刘秉义几十年坚持把演唱这首歌作为自己的光荣使命，被誉为"石油歌唱家"。

"茫茫草原立井架，云雾深处把井打，地下原油见青天，祖国盛开石油花……"饱含着深厚的思想感情，刘秉义唱出了石油工人的爱国情怀，气势磅礴。每当演唱这首歌，现场的气氛和听众的反响特别强烈，人们好像听到了久违的心声，听了一半就与台上的他一起击节和跟唱起来，这对于一首歌来说十分罕见。刘秉义演唱录制的《我为祖国献石油》一经推出，就受到了社会各界，尤其是石油工人的热捧，被誉为"石油工人之歌"。

"放眼世界雄心大，我为祖国献石油，祖国有石油，我的心里乐开了花。"这首歌成了刘秉义的标志性歌曲，把歌唱到大江南北，祖国西东，从国内唱到了国外，唱成了华人音乐经典，一唱就是半个世纪。这首歌的魅力经久不衰，深入人心，受到人们特别是石油人的追捧。在演唱现场，经常有观众递条子要求刘秉义演唱这首歌。20世纪70年代，他有一次在日本演唱这首歌，除了受到华人的热烈欢迎外，还有一些日本朋友也特别喜欢，他们说虽然听不懂歌词，但歌曲的旋律和节奏特别令人振奋。

不　朽

《我为祖国献石油》体现了中华民族坚韧不拔，勇往直前的民族精神，其影响超越了石油行业，成为中国工业和社会发展的歌声和旋律。自然而然，在多年的演出里，这首歌几乎成了刘秉义的必唱歌曲。也因为这首歌，刘秉义和石油工人结了缘，有了不同寻常的感情。他被授予"荣誉石油工人"称号，荣幸地进入了石油大军。每次唱起这首歌，他都感觉自己就是战天斗地的石油工人。

《我为祖国献石油》展现了在中国共产党的正确领导下，全国石油职工奋战在天山南北、戈壁大漠、昆仑山下、河西走廊、嘉陵江畔和茫茫草原，是他们为摘掉贫油国的帽子和国家石油自给而流血流汗，苦干实干的真实写照。其内涵与每一个时期的石油工业发展紧紧合拍，影响了一代又一代石油人，鼓舞着千千万万的人投入到祖国建设之中。它是真正的时代之歌！英雄的赞歌！

我为祖国献石油

(刘秉义 演唱)

薛柱国 词
秦咏诚 曲
风华艺校配和弦

◎ 歌曲《我为祖国献石油》

油田壮歌

王志明

1989年6月,辽河石油勘探局党委举办捐赠仪式,辽宁画报社编委会原副主任、摄影创作室主任张甸,将181张"辽11"井喷抢险照片全部捐献给了辽河油田。局党委授予他"辽河油田名誉职工"称号。我当时在局党委宣传部工作,见证了这一过程。如今,翻阅这些老照片,仿佛又回到了那惊心动魄激情燃烧的岁月……

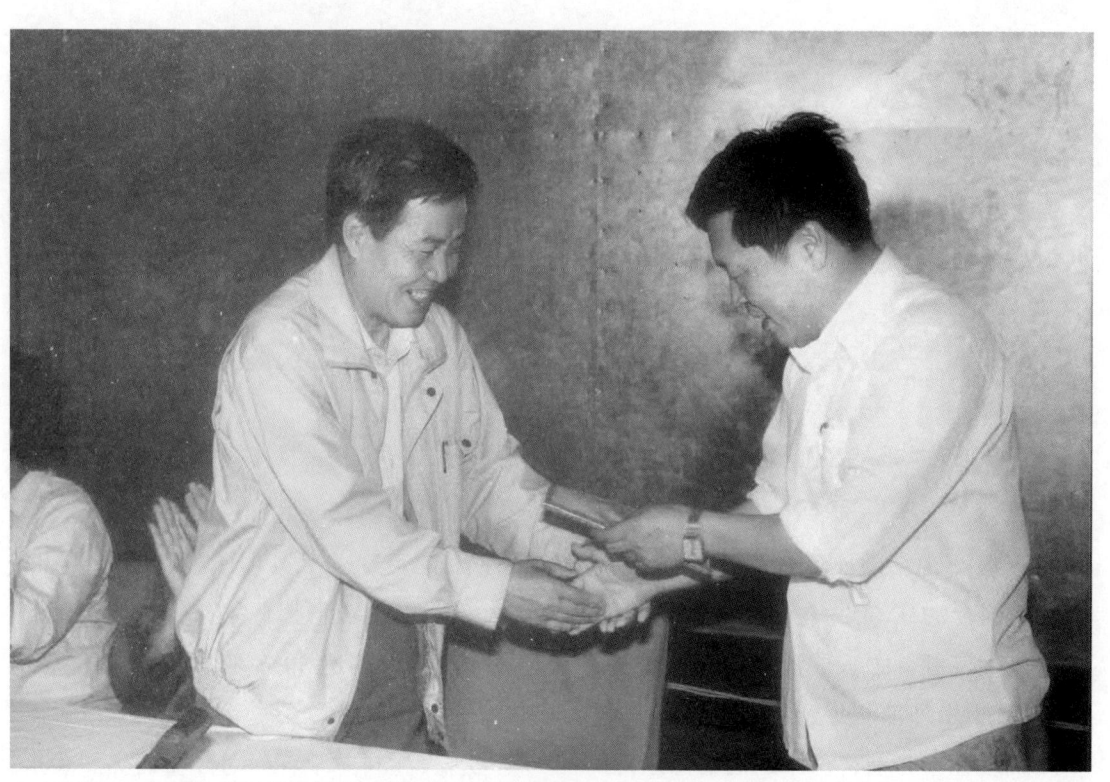

◎ 1989年6月,辽河石油勘探局党委举行张甸井喷抢险照片捐赠仪式。党委书记刘安(右)为张甸颁发"辽河油田名誉职工"证书

◎ 1989年6月，捐赠仪式上张甸在讲述井喷现场拍摄经历

一

辽河石油会战刚刚拉开序幕，会战的锣鼓刚敲响不到一个月。1970年4月16日，位于热河台的辽11井在试油时发生强烈井喷。这口井是一口原计划"五一"给鞍钢供气的高产油气井。强大的油气流呼啸着冲天而起，喷出井口高达30多米，声音震耳欲聋，就连10千米外都能听到它的狂啸。

而就在半年前，位于辽河油田东部的黄5井也曾发生过井喷。面对井喷的突然袭击，在各级领导和广大军民的配合下，以郑春发等为代表的广大石油工人面不改色心不跳，以"一不怕苦，二不怕死"的大无畏精神，冲得上，顶得住，经过 26 小时的奋勇拼搏，终于制服了这次强烈的井喷，保护了国家财产和油气资源，避免了当地人民群众的生命财产损失。

在石油勘探过程中，要尽最大努力防止井喷的发生。井喷，说明地下有着丰富的油气资源。但每一次制服井喷尤其是高压气井井喷的过程，都是一场惊心动魄的生死战斗。

二

"热河台的辽 11 井发生井喷了！"井喷就是命令。辽河油田会战指挥部主要领导曹进奎、刘长亮、王涛和军代表王秀法等都先后赶赴井场。曹进奎就地召开会议，决定王涛为抢险总指挥，全面处理井喷；由井下作业队张队长挑选 20 名有实践经验的工人组成抢险队，其他人员回原岗位坚持日常生产，听候调动。跟随王秀法来的军保卫处关处长，负责井场安全和井场周围的治安工作。为了绝对安全，井场周围的村屯不得生火做饭。

这次井喷有 300 个大气压，要一下子把井口上的阀门关上，是很不容易的。听说开始井喷时，有个刚参加油田建设的青年工人拿着自己的棉袄冲上去堵井口，可是棉袄不知飞到哪里去了。井口喷出的气，呈葫芦形状，它的中心处是耀眼的白光，其中还有个小红心。在喷口，气的外圈呈透明的浅蓝色，井口发出震耳欲聋的吼叫声。

指挥部召开了制服井喷的"诸葛亮会"。通过讨论，决定把抢险工作分成三步走：第一步，先接通放喷管线，把天然气从套管里引出，降低井口压力；第二步，在井口安装防喷闸门，制服气老虎；第三步，由特车队上阵反压井，最终把井压住。

井场上，王涛身穿藏青色旧工作服，腰间捆一根绳子。他组织了两个抢险队，每队约十来个人，都是年轻的修井、钻井能手。他们的口号是："革命加拼命，要油要气不要命！""英雄制伏气老虎，誓与油井共存亡"。井喷声如雷贯耳，说话听不清楚。王涛在附近小学借来一块小黑板，一边写字，一边做手势，教队员冲到井口后如何抢险。随后，他沉着地把小红旗一举，哨子一吹，那十来个工人手拿管钳，如脱缰之马飞奔井口。但是由于气流、气压很大，没等靠上井，就有人被熏倒了，被架了回来。最后，王涛亲自冲上去，也是因为气流太大，无法靠近，不得已又退了回来。

◎ 解放军某部派直升机参加辽 11 井井喷抢险

◎ 辽 11 井井喷抢险时，全体参战人员齐心协力制住井喷

◎ 部队首长作战前动员

◎ 辽 11 井井喷现场抢险指挥杨录向队员下达抢险任务

三

当时正在盘锦五七干校劳动的原《辽宁画报》记者张甸，是在当天半夜得到辽11井发生井喷消息的。等他赶到井场时天已蒙蒙亮。他用镜头记录下了井喷抢险的一个个历史瞬间。后来他回忆道："是曾经做过记者的敏感和作为共产党员的责任，使我有勇气火速奔向抢险现场，只感到雾茫茫的天然气带出的石油，像下毛毛雨一样，逼得人呼吸都感到困难。此时此地，只要出现一个小小的火星，大地马上就会变成一片火海，油井就会完全烧毁，附近的居民房屋也会受到威胁。这是多么紧张危险的时刻啊！可是工人同志们个个像'铁人'，为保住油井，置生死于脑后，随时准备贡献自己的一切。我决心把这可歌可泣的工人阶级大无畏的英雄事迹抢拍下来。因此，在这场舍生忘死的战斗中，我白天同工人们一起到艰险的井口去，晚上在严寒的冬天和工人们一样睡在草堆里，11天没有洗脸、漱口，及时地把工人的抢险事迹一一记录了下来。"

辽11井井喷抢险受到石油部、沈阳军区、辽宁省领导的高度关注，副部长唐克多次打电话询问情况，并派石油部石油开发组秦文彩、钻井专家孙振纯等赶到辽河协助研究抢险方案。秦文彩到现场后，马上组织有关人员研究事故处置方案。沈阳军区首长和39军军长朱恒兴亲自到井喷现场视察，并派出直升机为抢险空运物资。朱军长还对油田负责同志讲："打仗是为了消灭敌人，但要保存自己。工人们喊'要油要气不要命！'精神可嘉。但领导要考虑'要油要气也要命'，把'不'字改个'也'字。"虽然一字之差，反映了那个时代的烙印。

四

张甸记录下这惊心动魄的一幕："由于汽车发动容易引发火灾，压井阀门从很远的地方抬往井口。工人们脚下是黏泞的油泥，一步一滑。指挥员从容不迫，有条不紊地发出命令，工人们呼着号子，有秩序地进行着战斗，地面上留下了一行行深深的脚印。这就是一场争分夺秒战胜难关的战斗，使我怎么也不能控制自己的感情。我激动得一边流眼泪，一边瞪大眼睛，不准许自己有一点儿疏忽，漏拍一个镜头。"

辽11井气压高、油质轻，气流除了向上，还往横向刺，抢险队员很难靠近，给抢险带来很大难度。抢险队员面对面喊话也听不见，就伸出满是原油的手，在掌心上写出要说的意思；所有人都盯着指挥员的手势，统一行动。

张甸是这样描述井喷情景的："压井前，所有的人都按规定退出1800米以外的安全地带，指挥部派出最坚强的、有经验的共产党员执行任务。远处的人群和解放军战士，以及很多辆消防车和救护人员，都整齐列队待命，人们目送几位工人到井口。这是多么激动人心的场面啊！我是留下拍人群，还是跟着不怕牺牲的共产党员到井口去？我毫不犹豫地决定去井口。我不顾解放军同志的劝阻跑向井口。"

五

张甸记录下了这样一段细节："有一天，我眼看一位队长走着走着突然倒下，我正要扶起他。可是一个工人跑过来用手势告诉我，他累坏了，让他睡一会儿。我怀着无比崇敬的心情，一次又一次地举起相机，把许多感人肺腑的场面记录下来。《只在瞬间》这幅照片的内涵确确实实只在瞬间，可以转危为安，也可以燃成大火，这瞬间是胜败的关键。照片上那个巨大的压井阀门，需要准确地套在喷口管上，只要碰出一个火星，就会爆炸起火。可是我们的工人同志，用生命和智慧进行抢险。他们正像'铁人'王进喜同志说过的那样：'恨不得一拳打出一口井来！'为国争光，为国争气。然而，眼睁睁地看着这口高产井每分钟白白喷出价值高昂的油和气，能不使人心疼吗？能不使他们舍生忘死去抢险吗？"

这个场面，张甸从远景一直拍到工人的特写镜头。画面上一位像泥浆人的同志正在关闸门，就在张甸按快门的同时，工人失去了知觉，倒下了……这些英雄形象永远凝固在了张甸的头脑里！

井喷霎时间刹住了，历时11天的井喷抢险戛然而止。井场突然出现了瞬间的沉静，继而爆发出一片欢呼声。大家拍手跳跃、高声欢呼起来，从井口下来的人都是满身满脸的油泥，分不清谁是谁了，但都露出白白的牙齿，脸上带着胜利的微笑。

这时，沈阳音乐学院名誉院长、著名作曲家李劫夫，作曲家秦咏诚和音乐系一名毕业生来到现场。他们为石油人以自己的英雄壮举谱写了一曲动人的胜利凯歌而激情满怀，即谱即唱为大家进行慰问演出。在井场工地上，在炊事班和工人的帐篷宿舍里，在田埂上……即便只有两三个人，他们三人也一字排开地站着唱一首歌。李劫夫唱着他的《我们走在大路上》，虽然声音有些粗哑、有些吃力，但他用手势打着节拍，表情激昂豪放。《我为祖国献石油》的曲作者秦咏诚逢人必唱这首歌曲。他说这首歌有几种唱法，尤其是最后两句"祖国有石油，我的心里乐开了花"；还有一种唱法就是"祖国有石油，哈！哈！哈！我的心里乐开了花"。

◎ 辽 11 井井喷抢险时，抢险队员齐心协力将几百千克的大闸门抬向井口

◎ 一名抢险队员倒下了，另一名队员坚定地站起来去抢关闸门

◎ 在咆哮的气浪中，人们只能通过手势来统一行动

◎ 抢险队员用自己的身体增加压力，协助队友安装固定螺栓

◎ 冲向井口的抢险队员严阵以待

◎ 中小学生送来开水慰问抢险队员

◎ 抢险胜利后，文艺宣传队以各种方式慰问演出

创业篇

　　暮春三月，芦苇荡里、大钻台上回荡的是辽河女子钻井队"越苦越累心越甜"的歌声；初夏六月，沈娟华却在严寒低氧的雪山高峰上艰辛攀爬、困难前行；金秋十月，玉门石油工人捐献的"石油工人号"战斗机正在抗美援朝的战场上英勇翱翔；寒冬腊月，正是塔里木盆地最寒冷的季节，为保证沙漠腹地的第一口探井满西1井顺利开钻，刘骥冒着凛冽的寒风再次出征。

大庆石油首次出口日本

梁三河

1963年12月，周恩来总理在第二届全国人民代表大会第四次会议上庄严宣布：我国需要的石油，过去绝大部分依靠进口，现在可以基本自给了。

随着大庆、胜利等油田稳步上产，我国石油产量快速增长。在我国石油逐步实现自给的过程中，为了支援友好邻邦，配合外贸需要，我国生产的原油和石油产品也开始出口，逐步进入国际市场。大庆油田出口原油是从1962年开始的，当时只有几万吨，主要供给朝鲜民主主义人民共和国和德意志民主共和国。

1972年9月，中日两国政府宣布恢复邦交。日本首相田中角荣访华时提出进口中国原油的想法，周恩来总理当即表示同意。周总理作出明确指示：向日本出口100万吨石油的事，一定要办好，水分不能高，要合乎标准。外交部要掌握政策，这是中华人民共和国第一批石油出口，千万不能看作小事。

中国化工进出口总公司经过慎重研究，决定选择热爱中日友好事业，又有组织经营能力的老朋友木村一三先生组团，来京商谈出口事宜。之后，日方先后三次组团访问北京，从小范围内的友好协商到最后的价格谈判，一次一次取得进展。1973年4月10日，终于在北京正式签订了第一个向日本出口大庆原油100万吨的合同。

为落实周恩来总理指示，外交部、对外贸易部、燃料化学工业部、交通部、铁道部和国家商检局等7个部门组成原油出口领导小组，到大连现场协调大庆原油对日本出口有关事宜并组织装船演练。

当时铁岭至大连输油管道尚未建成，原油由大庆油田用火车运到大连寺儿沟港，再装油轮外运。当年参加这项工作的张廷禹回忆往事，仍历历在目。他说：在各方面的准备工作有了一定头绪，征得各有关方面同意后，工作组在大连港组织了一次装船演习，先借来一条油轮停放到口岸，然后把从大庆发到大连的油罐列车进行加热，通过车船直取，把原油输入油轮。各个环节，各项手续，一切的一切，都按既定的装船出口办理，以便进一步检查我们的准备工作是否经得起考验。实践证明我们的工作是完全合格的。

◎ 1973年5月,大庆原油首次出口日本

当天夜里我兴奋得睡不着觉,爬起来写好了简报,天一亮就火速报告外贸部。

周总理看到外贸部上报的简报后,当即在《外贸简报》第 90 期上作了极为重要的批示:要严格遵守这一装船演习制度,不要"一曝十寒,日久玩生",并望以此勉励中国化工进出口总公司!周总理对石油出口的重视和亲切关怀,为我国在石油出口方面,恪守信誉,信守合同,严格制度,保证质量,树立良好的工作作风,打下了深厚的基础。

周总理的批示,通过电话传到大连,工作组同志得知后非常高兴,一面组织落实,一面又打特急电话转告大庆油田。而大庆的同志已接到北京电话,正召开紧急会议,传

◎ 1973 年 5 月,大庆原油首次向日本出口庆祝大会

达贯彻落实。一时间，大连、大庆遥相呼应。大伙心中只有一个信念：坚决贯彻总理指示，切实做好一切准备工作，保证圆满地完成原油出口任务！

1973年5月15日12时20分，日本出光石油株式会社"三雄丸"油轮停靠在大连口岸，押船而来的中川男三先生上岸后，不断点头致意，表示感谢。在人群中，他非常高兴地唱起了自己编的一首歌："买油要买大庆油，大庆油好，适合炼油，又可燃烧，油价也比较公道……"现场气氛非常热烈。

历时14小时30分钟完成原油装船任务，比规定时间提前了3小时30分钟。16日，"三雄丸"油轮载着大庆原油驶离码头。这是大连港有史以来第一次接受日本油轮，首次将大庆原油由这里向日本出口。当年对日出口原油101.8万吨，胜利完成了任务。

由此，开启了中日邦交后第一个石油经济贸易的序幕。中国实现了石油出口国的历史性跨越。

油海塔林拼一生

郑 冰

一、西制油厂童工

日本统治东北时期，胡玉龙一家住在辽宁抚顺西露天矿北噶布该（满语，意"馋鬼"，今戈布街道），父亲被日本人打死以后，全家8口人除哥哥胡玉顺在日本人开办的抚顺炭矿西制油厂硫酸工段当童工外，其他家庭成员均无生活来源。

1945年，12周岁的胡玉龙迫于生计进入日本人开办的抚顺炭矿矿坑背煤谋生，被矿坑"地火"烧及脚筋，留下残疾。全家有4口人在矿里背煤，一天上下大坑背两趟，加在一起换不上2斤苞米面，一天只吃一顿饭，就着野菜也填不饱肚皮。

◎ 1928年，建立的抚顺炭矿制油工厂（现石油一厂），图为东原油装置

◎ 1942年，抚顺炭矿西制油厂润滑脂装置建成

1945年8月15日，日本投降，9月下旬，八路军进驻抚顺炭矿西制油厂。整火车皮的粮食往抚顺运，发了粮，吃饱了饭。哥哥所在的厂子恢复生产，1946年头3个月西制油厂就生产页岩原油1300余吨。1948年3月，国民党统治抚顺时期，胡玉龙时年15岁，顶替"号头"，在西制油厂硫酸工段做小工，后转到润滑油工段。

二、新生

1948年10月31日，抚顺解放，厂里召集工人上班，组织青年人学唱革命歌曲，胡玉龙主动承担教唱《义勇军进行曲》的任务，这一年胡玉龙加入了中国共产主义青年团，参加青年突击队，和工友们一起先后开启酸碱洗涤、分馏装置、粗料加工、重合装置、真空减压精馏、精制、润滑脂等关键设备，确保润滑油工段生产正常。

◎ 1953年8月12日，胡玉龙（后排左二）在沈阳化工学校实习期间，师生合影

◎ 1956年6月，胡玉龙留学苏联前夕拍摄于北京

◎ 1956年6月，胡玉龙身穿国家为赴苏人员统一制作的出国礼服留影

◎ 1957年6月，胡玉龙（前右）与苏联同事在车间合影

◎ 1957年6月，胡玉龙同中国赴苏第三小组成员与苏联格罗兹宁石油化工联合企业老师同事合影留念（三排左三为胡玉龙）

1949年，国家送胡玉龙到吉林工专和沈阳化工学校化工专业学习，毕业后回到西制油厂成为一名技术员。1954年，胡玉龙光荣加入中国共产党。

1955—1956年，胡玉龙在北京燃料工业部干部学校深造一年，系统学习石油炼制技术和俄文。1956年6月—1957年6月，胡玉龙受国家派遣，成为第三批赴苏联格罗兹宁石油化工联合企业学习深造人员，在苏联的一年多时间里，系统全面地学习了先进的炼油生产和安全生产技术。

三、扎根兰炼

◎ 1957年7月，胡玉龙在兰州炼油厂生产一线

20世纪50年代初，新中国"一五"期间布局156个重点建设项目，兰州炼油厂作为新中国第一个现代化炼油厂在兰州黄河之滨拔地而起。1957年胡玉龙学成归国直接开赴兰州，和一批批来自祖国四面八方的优秀建设者投身兰炼的建设当中。

当时建厂难，投产更难。胡玉龙从技术员干起，负责生产、安全，组织技术攻关，成功突破进口设备创制配件技术难点，攻克重要装置生产技术难关，在大家共同努力下，兰炼提前一年零三个月建成投产，生产出了国家急需的石油产品。遇三年自然灾害，国际经济大封锁，兰炼人迎着困难喊出"炼争气油"，以执着韧劲、超越自我的石油人精神，"三航两剂一重"为国防填补多项空白,为国民经济、国防建设和社会发展作出了不可磨灭的重大贡献。

胡玉龙以他的坚韧和执着在几十年工作中,不断承担急难险重任务,在多项技术和管理工作岗位默默奉献,亲自组织和建设多项重点工程。兰州石化公司主编的《油海塔林》一书中有篇《只欠东风》,就详细记述了胡玉龙当年攻克电脱盐装置——3.5万伏电流植入高压罐体核心部件"套管绝缘子"的研发设计全过程。

作为国家安全生产专家,胡玉龙潜心研究石油行业安全生产技术,多次解决兰州炼油厂和兄弟炼油企业重大安全难题和隐患,成为石油行业中响当当的"救火队员","火中凤凰"的尊称是业内对他最高的美誉,都说他给行业和职工带来了平安和吉祥。

1976年12月—1979年1月,胡玉龙任中国援建柬埔寨炼油工业办公室主任,他带领35名兰州炼油厂技术人员奔赴西哈努克港炼厂。1978年,胡玉龙组织派遣医务人员到古巴、坦桑尼亚等第三世界国家解决当地医疗问题。

1993年,胡玉龙离休,为中国石油工业奔波整整45个春秋。从中国炼油工业第一厂苦难起步,辗转多地,最终在兰州炼油厂画上圆满的句号。

胡玉龙曾被岁月蹉跎,遭受不公待遇。过往的成就和艰辛在他嘴里是轻描淡写和云淡风轻,他始终年少赤诚、对党忠诚。胡玉龙经常自弹自唱自己创作的歌曲《石油新曲——奉献者之歌》,那份乘兴而来、兴致而归是老石油人的逍遥和豁达。

◎ 1976年12月—1979年1月,胡玉龙(后排左一)任中国援建柬埔寨炼油工业办公室主任

◎ 1978年，胡玉龙（后排中）在兰州饭店门口与到古巴、坦桑尼亚的医务人员合影留念

《石油新曲——奉献者之歌》

滚滚长江东逝水，浪花尽显英雄。

油海塔林拼一生，不忘初心在，一切为人民。

石化老汉，羊皮筏上坐，赞颂时代新风。

一碗清汤牛肉面，家国情怀啊，尽在不言中。

改革开放勇于奋斗，黄河儿女啊，一片中华情。

——胡玉龙

油煤相伴六十载

刘振声　芷　水　　供图：刘振声　潘福民

> 油煤相伴六十载，钟情石化四十余，
> 起步石油第一厂，教学相长油为伴，
> 走南闯北献青春，支援建设终无悔，
> 碌碌无为也从容，甘为石油增光辉。

刘振声，1937年7月出生在抚顺龙凤路东段矿前街道，他们一家三代人的人生也始终与煤炭和石油有着不解之缘。刘振声的父亲日侵时期在煤矿做工，他们的家就位于龙凤矿竖井周边。竖井内铁制井架上安装了大型卷扬机，成为刘振声儿时常常偷偷跑去的乐园。升降梯既可以把采煤工人眨巴眼的工夫送到负（地下）670米的井下，还可以把人送到大架子顶上，整个抚顺中东部地区所有景物尽收眼底，儿时登高的一次次眺望，已注定他与石油的不解缘分。东部元龙山下数十座林立的大烟囱和建筑，是正在建设的抚顺东制油厂——一座日本人建设的油母页岩炼制工厂。1945年，日本投降，刘振声心中有了一个念头……1954年7月，刘振声考取抚顺石油学校，学的正是石油及天然气加工专业。

一、刘振声与石油一厂

1955年，经过了近一年的学习，刘振声掌握了与石油相关的基础知识，同年第一次走进石油一厂的大门，在蒸馏车间熟悉炼油设备和工艺流程，完成了石油蒸馏装置课程设计任务。

当时的石油一厂炼油技术还是非常落后。许多生产工艺条件、油品流量、技术参数控制调整没有实现仪表自动化控制，管壁上的白色粉笔标记、塔壁上的铁管子和薄铁皮喇叭口是传递操作参数的有效手段，加工量和产品量也都全凭工人师傅的经验和土办法

◎ 1948年7月15日，刘振声（站立右一）与龙凤小学的4名同学合影

◎ 建于20世纪30年代的抚顺炭矿龙凤矿竖井

◎ 1958年，刘振声（前排左三）离开抚顺，与抚顺石油学校学友合影

进行计算，劳动强度大，准确性低，危险性高，工作很是辛苦。工友们苦中取乐，发起炼油设备名称和名词竞赛的学习，至今刘振声还记忆犹新：管线上的阀门叫巴鲁布，下水井叫马葫芦，机泵里的气缸阀叫瓦路。

1957年"一五"收官之年，刘振声在大连石油七厂完成下厂实习和"双炉热裂化装置"的毕业设计。当时国内常规的热裂化装置的轻油塔和重油塔是分别单列的，他经过查阅国内外大量技术资料和经过计算，大胆地选择把轻、重油两个塔摞在一起，成为一个复合塔，大大节省占地面积和运送管线，在毕业论文答辩上得到专家和老师们的认可和好评。同年7月他顺利从抚顺石油学校毕业被分配到石油一厂轻质油车间，成为一名见习技术员。

二、支援浙江炼油建设

1958年，第二个五年计划开局，迎来我国工农业全面发展的大跃进时代。为适应石油能源的需要，国家计委与石油工业部决定在全国除西藏、台湾之外的各省市都要新建一个炼油厂，国家从石油一厂抽调一大批技术人员支援浙江杭州炼油厂，刘振声调到杭州炼油厂筹建处技术室负责设计图纸审查。1959年5月，杭州炼油厂被列为缓建项目，刘振声被调到浙江省化工厅石油处工作，负责全省地方小成堆干馏煤炼油厂调研和开发工作。下半年又被派到化工厅下属浙江化工专科学校有机系承担两个炼油专业的专业课讲授工作。1961年，他带领学生到浙江南部山区的龙泉县（现龙泉市）化工厂劳动实习，指导生产实践。该厂建了一套成堆干馏设备和一台单独釜蒸馏设备，用松树根做原料进行成堆干馏。生产过程他曾多次运用在石油一厂工作的经验和安全意识，处理险情，避免装置毁坏和人员伤亡。在他的倡导下还组织了一次松根汽油使用试验，喜获成功，为此，龙泉县委组织人力敲锣打鼓向刘振声师生表示祝贺。他带过的第一批学生现在都成为中国石油、中国石化炼油化工化纤企业的生产技术骨干和管理干部。提起这段往事刘振声倍感欣慰。

1961年，浙江化工学院改为化学学科专业院校，学院的炼油专业取消，院领导决定送刘振声去浙江大学进修两年化工专业，被刘振声婉言谢绝了："我是学石油的，来这里是为发展浙江省石油炼制事业而来，既然炼油厂缓建，为了我所热爱的石油事业，我要求调回抚顺炼油厂工作。"1962年3月18日，刘振声回到石油二厂劳资人事科报到。

◎ 1958年，刘振声（前排左五）在浙江化工学院任教时带学生下厂生产劳动实习

三、见证"金花"朵朵绽放

1960年，大庆等油田天然原油全面开发，我国从一个贫油的国家成了产油大国，这给我国的炼油工业带来了巨大的生机，石油工业部决定将抚顺石油二厂作为天然原油炼制的主要生产企业，要新建几套比较先进的炼油生产装置。1962年6月，在石油二厂红专学校（职工培训中心前身）任教的刘振声被厂劳资人事科通知到炼制车间报到，开始在小焦化装置跟班熟悉生产情况，之后调任新建热裂化装置甲方施工代表，负责塔器现场制造质量检查和验收工作。

经过一年零六个月的历练，学石油炼制出身的刘振声，由门外汉成为机械加工制造、设备塔器的焊接、塔盘安装质量、图纸审阅、设计变更、出入库审批、质量监督、工程结算方面的行家里手。出色的工作表现和驾驭多项工作的能力使他脱颖而出，1963

◎ 1970年，石油二厂北蒸馏大会战，刘振声（左）支援热电分厂起重队作业

年12月调任厂长办公室党委调研员，先后参与南蒸馏、催化裂化、延迟焦化等装置开工投产，担任石油工业部、北京设计院、石油科学研究院以及兄弟炼厂开工指挥协调员工作。

1965年5月，刘振声作为12名技术干部的带队，到石油三厂的铂重整装置培训学习。1968年12月，刘振声重又调回石油二厂铂重整车间，先后担任15单元抽提和16单元精馏岗位操作员，至此他先后成就和见证了抚顺石油工业"金花"的朵朵绽放。期间，他被北京石油学院录取，进入函授炼61级本科班插班学习，期满毕业。

四、支援河北炼油事业

1976年，经石油工业部与辽宁省商定，由石油二厂支援河北省石家庄新建炼油厂建设，实行"三包"（包人员、包技术、包开工投产）。1976年底，刘振声服从组织安排，作为第一批308名技术骨干之一抵达石家庄炼油厂。

因石家庄炼厂设计需要，筹建处领导要到北京燕化公司邀请一些炼油专家参与审查，工作派给了刘振声，他找到东方红炼油厂技术科科长吴仪（后任国务院副总理），说明来意，吴仪热情接待，并让他去请副科长刘海燕（后任北京市副市长）参与审查。回

◎ 1971年2月26日，刘振声（三排右一）与徒弟潘福民（四排右三）等合影留念

到石家庄筹建处，刘振声承担起新工人入厂三级培训教育工作。1983年炼油厂投产，他先后在总工程师办公室参与铂重整装置操作规程编审，循环氢压缩机、加氢装置氢气增压机订购。1988年，又参与了由北京石油设计院、中科院大连化物所共同研制的用膜分离技术——从催化干气中回收氢气的科研攻关项目，1992年该项目通过中国石化专利申请。1989年，应宁夏银川炼油厂邀请刘振声又参加了该厂铂重整装置的设计审查工作。1990年，他作为代表出席在新加坡举办的国际石油化工学术交流会。此后，刘振声任石家庄炼油厂给排水污水处理车间主任、厂科技协会办公室主任、技术开发处副处长兼科协办公室主任等职务。1997年，满60周岁从石家庄炼油厂退休。至此，完成了石油化工40余载的历史使命，但那份浓浓的石油情怀从未抹去。

刘肖无与克拉玛依

程部玟　供图：石　东

用手中的笔写克拉玛依人的风貌，写克拉玛依改革的变迁，新疆文联主席刘肖无和石油人结下不解之缘。新中国第一个大油田克拉玛依发现后，他奔赴荒芜的黑油山，深情地笔耕石油。广大产业工人把他当成是自己的亲人，永远不忘这位辛勤的作家。

扎根黑油山

1956年5月的一天，《人民日报》驻疆记者沈石对刘肖无说："过几天我上克拉玛依，你去不去看一下？"这一问让刘肖无赶忙找来一大堆报纸，一字不漏地细看了有关发现克拉玛依的报道。

◎ 刘肖无

那年他43岁，从来没有接触过石油。但他带着憧憬、鼓着勇气，把被盖一卷撂到了车上。当时，通往克拉玛依的公路还没有修好，尽管司机使劲往前赶，可到黑油山已是灯火高挂了。

几顶帐篷、一间木头房子摆在戈壁滩上。没有人接待，没有人安排，只见头戴铝盔的人们来来往往。幸好沈石是常客，他把刘肖无带进木头房子，在一排通铺的床上把被盖一展，他们就呼呼入睡了。

第二天早上一睁眼，只见通铺上睡满了人。他们泥脸油手，有的连工靴也没有脱，一个个鼾声如雷，呓语连连，看来是又劳累了一晚。刘肖无钻出房门，戈壁5月的阳光已经炙脸。声音洪亮的秦峰指挥握着他的手说："欢迎你来黑油山！这儿才开张，到处都乱糟糟的，你不要客气，想去哪儿就自由地到哪儿去！"

也许是自己多年的军旅生活，刘肖无对这种干净利落的作风十分赞赏。从此，他把自己当成这个基地的一名成员。要上哪个井上去，只要认准车号尽管往上爬，不但没有人问他，车上人看他费劲，还会拉他一把。想听生产汇报了，他端上一个自钉的小木凳往帐篷边一坐，听那些全是地质、石油组成的名词。

去水源拉水，刘肖无坐在敞车上摇晃；井架搬家，他给指挥当助手；勘探新路，他在前面扛着小红旗……晚上，他和钻井工人迎风看电影《平原游击队》，李向阳的脸一会儿变长了，胳膊一会儿又变成翅膀了，他和工人们一样笑得前仰后翻。他把这些感受写成《初访克拉玛依》，发表在《新疆日报》上。

没想到文章一发表，在新疆维吾尔自治区内外引起了反响。小小的黑油山工地都知道有一个刘作家住在这儿。石油工人对刘肖无坦诚相待，向他敞开心扉。克拉玛依第一支钻井队队长陆铭宝和来克拉玛依的第一个女同志杨立人结婚组建了黑油山第一个家庭，邀请他去参观1955年他们住过的1号井边的地窖。一年以后，当克拉玛依第一幢平房建起，陆铭宝这个克拉玛依的第一个家庭要搬进新居时，刘肖无拿着刚写的墨迹未干的对联前去祝贺。而且主人还在他耳边悄悄地告诉他：女主人已经怀孕了。当夜他文思汹涌，连夜写成了《克拉玛依的尖兵——陆铭宝》的报告文学。他深深地为克拉玛依的第一个钻井队、第一个家庭和第一个即将来临的小宝宝祝福。

转眼几个月过去了。刘肖无带着厚厚的几本采访日记回到乌鲁木齐，一篇又一篇地描写克拉玛依开发初期的一系列人物，发表在各地报刊上。那些一个个在他心目中跳动着的鲜活人物，坚定了他要扎根黑油山的信念。

◎ 延安时期的刘肖无与夫人薛苓

◎ 刘肖无（前排左四）与《新疆石油报》采编人员在一起

　　刘肖无找到新疆维吾尔自治区党委主管领导富文，找到当时设在乌鲁木齐的新疆石油管理局局长张文彬和书记王其人，要求到克拉玛依工作。考虑到新疆维吾尔自治区文联的情况，组织上决定让他在克拉玛依矿区任党委副书记。

蹲点上一线

　　1956年秋天，刘肖无风尘扑扑地重返克拉玛依。经过几个月的变化，黑油山下的井架更多了，钻机的轰鸣声更响了，来往穿梭在公路上的汽车更忙了。他以油田主人身份参加会战，没有住进那幢称作招待所的木头房子，而是一头扎进远离克拉玛依的中拐地区的29号井蹲点。这口井是当时甩开勘探的关键井。它是否出油决定着克拉玛依油田究竟有多大面积。他来到队上和工人一样住进帐篷。虽然钻井技术他不懂，但他协助队长搞党的建设，找人谈思想，帮助搞生活，真的是和钻井工人同心同德。

　　那时，克拉玛依风大，一刮就天昏地暗，对面看不见手掌。钻工们为了抢时间、争速度，面对大风开"诸葛亮会"。一个司钻想出了办法，说风大钻进主要看不清指重表，何不找一个人挡风，一个人给司钻念指重表的数字呢！刘肖无一听有门道，一个箭步冲

创业篇

出值班房，说："我去挡风，我去念指重表数！"工人们拉住了他。

但雨天舀水保钻进刘肖无却是真正参加了。当时给 29 号井拉水是一部 5 吨水车，常因天旱拉不到水被迫停钻，无奈只好等老天下雨了。一天深夜，大家正在燥热的帐篷里翻来覆去睡不着，只见外面一阵雷鸣电闪，哗哗下起大雨来了。秦峰嗓门大，大喊："快！快！快把水堵起来！"说完第一个冲了出去。接着刘肖无等端着脸盆往一处高坝跑去。他们在风雨中用铁锹堵埂挖坑蓄水，然后用小桶一桶一桶倒在大缸里再运到井上。一个多小时后，他的脸上、身上、腿上全是泥浆。只见他老是取下眼镜擦镜片，语气却无比高兴地说："眼睛看不见了！眼睛看不见了！"

29 号井果然出了油。出油那天，刘肖无正在指挥部开会。他一听到消息，就和党委书记只金耀往井上跑。可惜已经没有车了，他们只好钻进消防车，不顾气闷和颠簸跑到了井上。他把这段难忘的生活写成了报告文学《第一个旗帜》。他称赞这个井队是克拉玛依敢打硬仗的尖刀，但从没有谈过自己的事情。

◎ 20 世纪 80 年代刘肖无（左二）在井队采访

井队蹲点结束，刘肖无回到矿区。他除了关注生产的发展，还特别关注各式各样的建设者。一次矿区开先进生产者座谈会。他听到个儿矮矮、脸儿胖胖、眼睛大大的小姑娘程雪苓介绍经验后，感受到了年轻一代石油工人的精神风貌。会后他找程雪苓采访，写了报告文学《在我们这儿有这样一个小姑娘》。

文章在《中国青年》杂志上发表，小姑娘不怕苦、有上进心的性格，要在克拉玛依干一辈子的决心，打动了万千读者。雪片一样的信函写给程雪苓和作者，还有大批的年轻人怀着对祖国石油工业建设的向往，纷纷来到了克拉玛依。刘肖无还在一篇文章中记述了一个从玉门偷偷乘空油罐车来到工地的年轻人的感人事迹。20世纪50年代，刘肖无在克拉玛依工作两年，写成的文章收在《克拉玛依散记》一书里。

无愧石油人

1958年，因新疆维吾尔自治区文联工作需要，刘肖无离开克拉玛依。但他对克拉玛依依然一往情深，认为那是他一生中最值得荣耀和自豪的岁月："始终怀念着克拉玛依，怀念着克拉玛依人，也时时怀念着我是一个石油工人，在我有生之年，应该为石油，为克拉玛依人做点事。"

果然刘肖无又为克拉玛依做事了。1983年起，他每年都去克拉玛依几

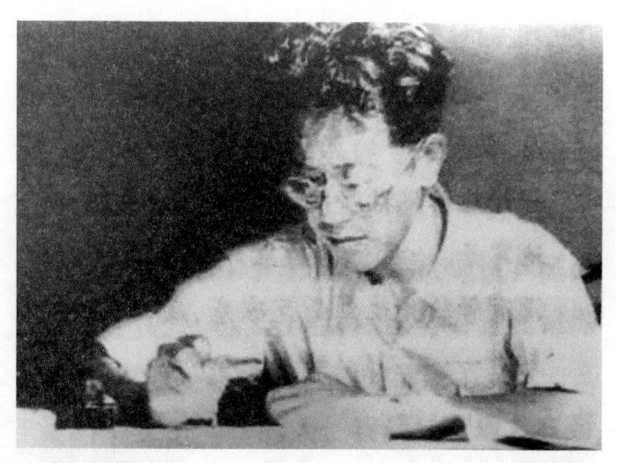
◎ 刘肖无潜心创作

趟。他颤巍巍地在油田东奔西颠，到处找熟人，到处找专家，了解油田新的发展，赞叹十一届三中全会后油城"层楼远宅蜃楼影"的巨大变化。听说风3井出油，他硬跟年轻的地质家一起跑到魔鬼城，和"魔鬼"打了几天交道，写成了《和魔鬼作战》的文章。

听说稠油投产，刘肖无顶风冒雨前往工地采访。路上突然一个人跑过来搀扶着他问："老刘，你还认识我不？当年你写的《严寒是可以战胜的》那篇文章还在《人民日报》发表过哩！"20多年过去了，当年自力更生试制锅炉的梁茂达已是石油局生活服务总公司煤炭科的负责人。他对肖无说："我一个朋友的儿子就在重油公司工作，让他陪你去看看稠油吧！"从稠油开发区回来，他在风雨之夜写成了《风雨访稠油》的文章。

刘肖无被《新疆日报》聘为特约记者。他每年采访后写的文章，以《克拉玛依来信》形式发表在报纸上。如果说他20世纪50年代写的文章的特色是注意写油田开发初期的艰苦奋斗精神，那么20世纪80年代他写的文章，则把注意力放在写新时期油田发展的根本——科学技术显示的无比威力。他花费了巨大的精力写成《油海观潮》《囊中宝》《百鸟会》《更上一层楼》《吾将上下而求索》等文章。

写《天然地质博物馆》，刘肖无和主任地质师夏明生、孟长生参观了克拉玛依郊区的四道沟：吐孜阿克内沟、黑油山沟、化石沟、大油泉沟。地质学家们和他一起看了大自然鬼斧神工造就的地层结构，向他讲了那么多这个系、那个系，还有什么八道湾呀、齐古呀、乌尔禾呀等等几千米地下的地层。回来把文章写成后，他心里直打鼓。他找夏明生求教。夏明生看完后，像个严师似的说："你的稿有的地方说得对，有的地方叫内行人看了会笑话的。"他没有感到尴尬，诚心诚意地说："那就请你动动笔，给改一改吧！"夏明生把稿子拿在手里，掂了掂回答："这样吧，我拿回去，叫孟长生也看一看。"几天之后，文稿送回来，两位地质家在上面密密麻麻地进行了批改。"改得好，改得好。"正因如此，他很快新交了一批朋友。他们也把心和思想掏给这位写作老人，成为他生活中新的知音。

◎ 年逾古稀笔耕不息的刘肖无

夏明生后来成为刘肖无的忘年之交。每次来克拉玛依,他都要给夏明生打电话,夏明生也总要把他请到家里做客,告诉他油田的发展。两代人常常在一起倾心交谈。1983年,他在一次采访中突然问夏明生:"你是不是党员?"夏明生不好意思地回答:"我感到条件不够,还没有写入党申请书呢!"当他了解到夏明生没有写入党申请书的真正原因是对当时的一些现象看不惯时,他神情严肃了,这次是他当老师了。夏明生从来没有这样激动过。他很快写了入党申请书,第二年就成了一名共产党员。

　　1984年,夏明生到北京参加国庆节观礼。当他去北京开会时路过乌鲁木齐,到刘肖无家去看望老人。他送一篇专写夏明生的《瀚海生明月》的文章给面前的年轻朋友。1989年除夕,他又送给夏明生和夫人一张贺年卡,卡上有他写的一首诗:"30余年血汗耕,皇皇大漠出新城。千寻断震囊中宝,一脉常山阵上兵。足下擒龙添羽翼,天南酹酒酹奇功。岁除事事安排好,骏马嘶风待远征。"

　　刘肖无把克拉玛依当作生活创作基地。30年来的风风雨雨,他的足迹踏遍油田的每个角落。他为油田作出自己的奉献。他写出了与克拉玛依有关的《克拉玛依散记》《从天山脚下开始》《油龙鳞爪记》3本书,发表文章35篇,共计23万字。在书中,写了72位油田各式各样的人物。

石油老照片

"送中南海油样"回家

陈爱忠　张春辉　张　坤

◎ 叶剑英元帅、陈赓大将接见刘启盛、贺永友两位兰州炼油厂代表（油画）

◎ 送中南海油样

◎ 国内第一套常减压装置

2019年，在兰州石化公司企业精神教育基地内，曾任兰州炼油厂第一任党委书记王俊的儿子——王杰先生，在一幅油画前驻足观看，眼中不觉已经湿润，画中描绘的是1958年，叶剑英元帅接见两名工人代表的情形，在工人坐着的沙发边上，一只皮箱静静地立在那里。而王杰今天来到这里的目的，就是要将画中这一箱珍贵的"油样"送回"家"，送回这个父亲为之鞠躬尽瘁的地方，送回这个倾注了父亲智慧和心血的地方。

跟随着这张老照片，将时间定格在新中国成立初期。那时新中国百业待兴，兰州炼油厂是苏联援建的156项重点工程之一，燃料工业部和石油管理总局对兰州炼油厂的建设十分重视，委派石油部长助理徐今强任兰州炼油厂第一任厂长。一期工程设计规模为年加工原油100万吨，包括常减压蒸馏、热裂化、移动床催化裂化、气体分馏、苯烃化、丙烷脱沥青、氧化沥青、酚精炼、酮苯脱蜡、酸碱精制、白土接触精制等16套炼油生产装置，以及相应的储运和辅助系统。设计的代表产品有16种，包括航空汽油、车用汽油、灯用煤油、柴油、各种润滑油、石油沥青等，基本体现了当时苏联炼油工业最高技术水平，也是中国首次兴建的生产规模较大、技术水平和自动化程度较高的燃料——润

◎ 1958年9月，兰州炼油厂第一期工程交工验收会

滑油型炼油厂。

　　中华人民共和国成立前，中国炼油厂只有简单的热加工技术，而且处理能力小，轻质油收率和产品质量低。新中国成立后，在天然原油加工技术方面，国家投入大量的科研、设计、生产力量，使得兰州炼油厂的建设取得了很多重大成果，填补了多项国内空白。通过新中国成立后第一个十年的努力，不但常减压蒸馏、热裂化等热加工装置技术水平有了提高，处理能力扩大，而且引进了移动床催化裂化加工技术，使催化加工技术开始发展起来，这对提高轻质油收率和产品质量是一个有力的推动。生产润滑油的工艺技术原来只有离心脱蜡冷榨脱蜡等少数方法，兰州炼油厂新建后，增加了溶剂脱蜡、酚精制、白土处理丙烷脱沥青等新的技术，使润滑油生产技术大大前进了一步，为1960年以后自力更生建设这些工业生产装置，发展炼油新技术打下了基础。

　　国庆九周年前夕，兰州炼油厂各装置陆续建成，在厂党委发出"国庆节以前炼出第一批产品、向毛主席献礼！"的号召后，大家憋足了劲儿，决心试好车、开好工、出好油，以优异成绩向国庆九周年献礼，向党中央、毛主席报喜。

当时，电脱盐装置作为兰州炼油厂龙头装置，成为第一个试车运行装置。中秋节前后的一个夜晚，车间动员会后，党支部书记对负责装置试运行的技术人员时庆山等人说道："这次奋战设备关，你们是主攻！你们都在苏联学习过，脱盐器套管绝缘子的自制任务就交给你们了。"

脱盐器的套管绝缘子是电脱盐装置不可缺少的设备，少了它电脱盐装置就不能运转，其他装置试车也就得等着，而苏联的订货最近又运不到，因此大家就决定自己制造。接受了这一任务，技术人员便连夜画出了草图。但是第二天下午，设计科把图纸退回来了，说是没有那种能受得住 33000 伏特电压、80℃高温和 6 千克/米^3 水压的绝缘材料。这咋办？大家想了想说："能否找替代品呢？"技术人员时庆山说："行！咱们就到废料堆里找找看。"

◎ 1959 年 9 月，兰州炼油厂生产的第一列车成品油出厂，通过黄河大桥外运

他们翻遍了废料堆，结果找到了几个避雷器的瓷瓶，这让他们喜出望外。这时，厂部知道后，发动各单位全力支援，要什么就给什么。机修厂听说要做轴和法兰，就把自己的活停下先给他们做；工友们知道他们还要瓷瓶，就四处寻找，很快弄来了几十个。这天晚上在实验室，科室长、工程师、技术员、工段长都来了，徐今强厂长也亲临现场。大家紧张地盯着测量电表：5000、8000、10000、12000、15000……突然，指针掉下来了——瓷瓶打碎了。时庆山等人知道没成功，都愣在那里，大家也不吭声了。

这时，徐厂长打破了沉默："失败是成功之母，一次不成再来！"领导的关怀、群众的支持，给了技术人员力量和鼓舞。接连做了三天三夜的实验，一连20多次都失败了。到了第4天，终于用电缆胶填住瓷瓶中间的空隙，检查结果，一切都合格——成功了！就这样，经过全体干部和工人的奋战，到8月底，试车前的一切准备都搞好了。9月1日零时是正式试车的时候，党委书记、厂长、苏联专家、总工程师、车间主任、党支部书记、工段长、技术员、工人挤满了操作室内外。零时整，厂长亲自搬动了电源开关，红灯亮了，泵房里马上传来了机器的轰鸣声。试车成功了！

"闻到了！闻到了！出油啦！"一个小伙儿冲着大家叫着。大伙不等油瓶装好，就哗啦一下围上去，争着看这第1瓶纯清透亮的汽油。多少双手抚摸着油瓶，就像抚摸着自己新出生的婴儿一样，好多人兴奋地抱在一起，笑声、欢呼声、机器声交响连成一片。一群青工围着贺永友师傅说："师傅，咱们要拿这给国庆献礼呢！要向党中央、毛主席报喜！"贺师傅说："是啊，只有咱这产品才配向毛主席献礼呢！"雷鸣般的掌声又一次响起，好多人眼角里噙着激动的泪水，好像再没有比这更大的喜事了。

1958年9月18日，这是在中国石油炼制史上绝对应该铭记的一天。这一天，新中国第一批汽油、柴油、煤油等6种成品油，从刚刚建设投产的兰州炼油厂汩汩流出。消息传开，全国人民奔走相告，欢呼雀跃！不管是中南海领袖，还是乡间布衣，人们喜庆的脸庞上都荡漾着幸福的笑容，王俊、徐今强、龙显烈、贾庆礼、许士杰、钱传钧、张彦宁、俞海潮、张皓若……兰炼的开拓者们更是眼眶闪烁着惊喜的泪花！这是我们中国人自己炼出的历史上第一桶"争气油"！1958年9月27日，兰州炼油厂工人代表刘启盛、贺永友两位师傅，身负全体兰州炼油厂人的重托，带着刚刚生产出来的成品油样，踏上东去的列车，向毛主席和党中央报喜！向国庆献礼！闻此喜讯，毛泽东主席专门委托叶剑英元帅和陈赓大将在中南海隆重地接待了他们。叶剑英元帅高兴地拉着刘启盛和贺永友的手说："我们的空军、海军都需要大量的油料，希望你们炼出更多更好的油品。"

◎ 1958年9月18日，兰州炼油厂生产出第一桶汽煤柴"争气油"

"现在展出的这幅油画生动地再现了60多年前，兰州炼油厂生产出第一批合格的汽油、柴油、煤油，派代表赴京向国庆九周年献礼的场面。多年来，兰炼兰化人始终没有辜负党和国家的期望与重托，为中国石化工业做出了巨大的贡献。"兰州石化公司企业精神教育基地的讲解员生动地解说。"我想油样只有到这里，才算是有了最好的归宿，这不仅完成了我们一家人的心愿，也是我父亲对兰炼深厚感情的最好表达方式。""这批父亲生前珍藏的中华人民共和国第一批油样，至今保存已有60年之久，这一箱40瓶保存完好的油样一直存放在北京亲属家中保管，能否为这批油样找到一个永久的归宿，成了我们一家人共同的心愿，全家人经过慎重商讨后做出了这个决定——让珍贵油样回家！"王杰轻抚皮箱内保存完好的整整40瓶油样轻声地说。

巾帼英雄展豪情

刘凤英　丁　薇

伴着辽河油田探明储量突破 1.7 亿吨的喜讯，西斜坡曙光大会战在 1975 年金秋吹响了号角。1975 年 10 月，辽河石油勘探局首次提出成立"女子钻井队"的构想，动员有事业心、想报效国家又吃苦耐劳的女工参加。受到"时代不同了，男女都一样，男同志能办到的事情，女同志也能办得到"精神的鼓舞，不到一个月时间就有 1900 多名

◎ 1975 年 11 月 21 日，女子钻井队成立大会现场

◎ 1976年，女子钻井队指导员郑丽芳（中）、队长吕爱婷（左二）、副指导员张一艾（右一）、副队长何杏军（左一）、副队长金靖（右二）带头学管理、学技术

女工报名。女同志们为了表示决心，有的申请报名后就剪掉了辫子；有的做好未婚夫的工作，推迟婚期；有的做好父母工作，打好行装；还有的一次申请都未被批准，仍再三请求当一名女钻工。可是，一个钻井队哪能容得下这么多人呢？负责召集的人要求女队人员必须符合3个条件，一能吃苦耐劳，二干活有特长，三样貌身段过关。好说歹说，千挑万选后留下74人。郑丽芳任指导员、吕爱婷任队长，张一艾任副指导员，何杏军、金靖任副队长。

1975年11月21日，辽河油田召开庆祝会宣布32617女子钻井队正式成立，吕爱婷、张一艾和何杏军代表女子钻井队接受战旗，指导员郑丽芳、女钻工代表王敏、顾问贾文礼作表态发言，金靖代表女钻工接受纪念品，局团委、局工会女职工委员会向大会致贺词。在热烈的掌声中，女子钻井队全体队员头戴铝盔，身穿工作服，脖子上扎着白毛巾，脚上穿着大头鞋，雄赳赳、气昂昂走上舞台，为大会演唱"女钻工之歌"。

女子钻井队成立后，钻井处专门挑选贾文礼、韩博文、杨泽文等多名经验丰富的男同志作为技术顾问。驻地上，竖起了一根高大的钻杆，吊起了两支钢铁的大钳，铿锵有力的响声早晚不停歇，钳牙成千次成万次地咬在钻杆上，留下了深深的沟痕。为了练登攀，附近的井架成了姑娘们每天必到的地方；为了练臂力，几十斤重的大石头成了姑娘们朝夕相处的好伙伴。饭碗端不住了，练！梳头的梳子拿不住了，练！

一位曾留学国外的老工程师来给姑娘们讲课。看到姑娘们的劲头，他深深感动，恨不得把一肚子经验全教给她们。当听说姑娘们要接大钻机，他的脑海里交杂着激动和担心，多年的经验使他深深懂得打井人的艰辛，何况又是一群年轻的女孩。经过一个多月的学习培训、操作练兵，1976年1月1日，姑娘们立下誓言"坚决接大钻机，抢开钻！"

冰天雪地，红旗飘飘，一场配套、安装、抢开钻的战斗打响了，仅10天她们就配完1部大钻机；春节临近，她们提出"会战就是过节，出油就是过年"，仅26天她们就打出第一口井。

喜讯传来，油田惊动，老工程师激动地登上钻台，紧紧地握住她们的手……在顾问们的指导下，姑娘们很快掌握了钻井队12个工种的操作技术并能独立操作，全年交井13口，进尺闯过两万米大关，打出了全国女子钻井队最好成绩，被辽河油田党委授予"抓革命促生产的先锋"和"红旗标杆钻井队"光荣称号。

1976年，曙光会战打响，大庆队伍挥师南下，来到曙光油田。女子钻井队坚决响应辽河油田党委"远学大庆、近学曙光"的号召，与大庆1205钻井队、1202钻井队和辽河学大庆标杆3285钻井队展开对口学习，苦练基本功。1205队在女子钻井队驻地旁安营扎寨，"红旗插在门口，标杆立在身边"，女子钻井队迈开学大庆的坚定步伐，路就照大庆路子走，队伍就按大庆样子带。雨季来临，半年前还冰冻着的路变成一条泥水河，而风雪狂作的井场变成蚊虫飞舞的芦苇荡。汽车在泥水河里抛锚，打井的物资送不到，前线的井队面临被迫停钻的风险，而女队要上的新井场也一夜之间被水淹没。面对困难，姑娘们没有屈服，车抛锚了，她们就一筐筐扛进去砂石料，一根根抬进去钻杆，一袋袋背进去几十吨土粉，保证了按时开钻。

姑娘们上下班要往返十几里，芦苇荡，泥塘多，路难行。患有严重关节炎的王慧丽，被人扶着，艰难柱棍跟着队伍，也没有耽误一天班。苦吗？确实苦，可"越苦越累心越甜"，姑娘们高唱着这支最喜爱的歌，迈开大步向前走。

◎ 女工们起早贪黑苦练基本功

◎ 钻井施工绝不含糊,争分夺秒抢进尺

◎ 女工们在井场召开动员会,鼓舞士气

◎ 女钻工们正在钻台上起下钻施工

队长吕爱婷发烧39.5度，病中的她3天没吃饭，瘦弱的身体更加虚弱，副队长金靖想让队长多睡会儿，悄悄带队伍上井干活，然而吕爱婷醒后说服了看着她的2个工友，又吃力地走去井场。小个子钻工李晶犯了骨质增生，疼得咬牙咯咯响，队长要把她工种改成机工，但她说什么也不干，坚持着拉吊环，连站着的力气都没有了就跪着拉，钻头终于抱上来时，她也累得倒下了。1976年5月16日，快速钻井中飞起的大钳把人打下了钻台，顾问曹祥柱不幸牺牲，牺牲前，他已经连续工作了22个小时。老顾问队长贾文礼冲上钻台接过刹把，带领女队继续战斗。这一天，她们仅用9分钟就创了曙光会战班进尺578米的最高纪录。这一年，她们克服重重困难，年进尺闯过了2万米，打出全国女子钻井队的最好成绩。

女子钻井队仅成立半年多，就在各方面工作取得出色成绩，向国家交出8口油井，实现进尺11000多米，在全局钻井进尺排名第二，享誉全局。1976年8月，根据工作需要，指导员郑丽芳调任辽河石油勘探局政治部副主任，队长吕爱婷调任钻井处副处长，三班司钻杨素贤接任指导员，副队长何杏军接任队长。1977年，她们转战到高升地区。在大打钻井速度翻身仗中，她们认真总结经验教训，坚持高标准、严要求，坚持井场钻杆摆放一条线，做到了文明生产。冷103井搬家时钻盘安装螺丝只穿了一半，检查发现后，王春林、姜英晓钻到钻台底下，一点点除去污锈，反复校正、一个不漏地穿上加固好。泥浆工王艳8小时坚守岗位，到吃饭时间就一手拿馒头，一手不停捞砂子，速度就是在这一点一滴中拼抢出来的。

1977年2月26日，正在施工的高升莲花桥高3-6-6井钻到1400多米时，遇高强度油气发生卡钻，井上及时组织调整泥浆比重但仍不见效，井口出现井涌，随后越来越强烈并出现井喷征兆。气流冲击泥浆，挟裹着沙石从井口喷射出来，泥浆柱高达几十米，天然气笼罩在井场上空，沙砾石块击打在井架上，稍有火星就可能发生火灾。上级紧急调运泥浆材料和设备协助抢险，面对井喷和随时可能发生的危险，姑娘们做好思想准备甚至写下遗书安排后事。消防车、汽车、拖拉机来了，医院救护车也赶来了，下午1点55分，井喷真的发生了。所有人发扬"一不怕苦，二不怕死"精神，把设备拖到安全地带，强行安好井口封隔器，井喷被制服了，井下安全了，设备保住了，而姑娘们都成了泥猴子，只能看见眼珠转动，脸上分不清是泪水、汗水还是泥水在流。

1978年初，姑娘们大胆采用高压喷射钻井新技术，开钻前坚持试运转做到不刺不漏，安设备实现零对零一丝不苟，打出了18个小时钻井进尺上1000米、6天11小时钻井进尺上2000米、14天完钻1口2464米井的好成绩。

在全国石油化学工业第二次学大庆会上,队长何杏军向全国所有女子钻井队发起年进尺上3万米挑战。1978年11月21日,女子钻井队成立3周年之际,她们的钻井进尺到25589米,并以"石油工人无冬天"的豪迈气概,天大寒、人大干,再实现月钻井进尺4600多米,终在12月27日实现年钻井进尺闯过3万米大关。她们被石化部命名为"铁人式钻井队",辽河石油勘探局也为表彰女子钻井队在夺油会战中突出贡献而罕见地发放了5000元奖金。

女子钻井队成立3年时间里,她们先后转战曙光、高升、马圈子、欢喜岭等地,累计打井37口、钻井进尺6.7万多米。她们曾两次被国家领导人亲切接见,首任队长吕爱婷被选为共青团十届中央委员。

巾帼英雄展豪情,女子钻井队在辽河会战史上留下了精彩的一幕,写下了光辉的一页,让后人敬仰!

白洋淀里找油忙

姚治晓　王利敏　牛艳芹

被喻为"华北明珠"的白洋淀是华北平原最大的淡水湖泊，碧波千顷、风景秀丽，是盛产鱼虾、水禽的天然水乡，这里流传着许多雁翎健儿当年穿波浪、钻苇塘，神出鬼没打日寇的英雄故事。华北油田的儿女们也在这个英雄辈出的土地上，演绎了可歌可泣的石油会战史诗。

◎ 1973年6月，燃化部石油勘探开发设计规划院组织召开"突破口会议"，做出将高家堡、辛中驿（即任丘）、高阳、留路4个构造作为冀中地区寻找古近—新近系油气藏突破口的决定，并陆续投入钻井施工

◎ 1975年1月19日，石油化学工业部部长康世恩为任7井喷油剪彩

20世纪50年代，石油地质工作者就把视角瞄上了华北大平原腹地。1975年5月31日，石油化学工业部（简称石化部）召开冀中勘探开发会议。会上提出落实"三稀"（即稀井广探、稀井高质量、稀井高产）方针，在冀中打一场勘探样板仗。石化部部长康世恩指示，加强力量，加快冀中的勘探进程。按部长的指示，一群寻找石油的健儿来到这里，打破了白洋淀的宁静，使平静的淀面泛起层层波浪。他们通过地震放炮收取资料，钻井勘探取心分析，预探到了高阳凸起的北端，符合储油条件的古生界层系就倾伏在白洋淀湖区深深的地下。

1976年6月，为寻找任丘外围潜山，根据少量地震测线的潜山显示和重力高，在白洋淀边白庄子潜山布钻第一口探井白1井，后因种种原因逼迫中途停钻，未能钻达潜山。

◎ 1975年7月，石化部规划院副院长阎敦实（后排左一）和技术专家们召开会议，制订整体解剖任丘构造的勘探方案

◎ 1976年1月19日，石化部党的核心小组在任丘油田召开现场祝捷大会，石化部部长康世恩在大会上讲话

石油老照片

◎ 3269钻井队地质组在钻遇的震旦系雾迷山组地层岩屑中发现含油显示

◎ 工程技术人员在任4井井口进行取样分析

◎ 1977年10月，淀2井出油后，江苏油田15地震队支援华北油田会战，在白洋淀进行勘探

◎ 1977年11月，会战指挥部党的核心小组决定，龙虎庄指挥所移驻雁翎前线

◎ 1977年11月，搬迁队伍用机动小艇将钻井物资送至白洋淀，指挥所正式移驻雁翎前线

◎ 1977年5月，淀2井喷油后，钻井队伍从四面八方汇集至白洋淀，淀区内顿时车水马龙，机声震大，白洋淀找油会战大幕由此拉开

1977年5月，4064钻井队抱着不达目的不罢休的决心，重上白庄子潜山，在白1井原井场淀2井开钻。那是一个物资匮乏的年代，更是一个热血沸腾的年代，石油工人在"有条件要上、没有条件创造条件也要上"和"宁可少活二十年，拼命也要拿下大油田"的铁人精神鼓舞下，经过5个月的苦战，10月中旬淀2井胜利完钻，经测试，获日初产原油1210吨。消息传出，大振人心，石化部立即发来贺电，热烈祝贺淀2井喜喷高产油流。一个星期后，在淀2井井场召开的庆祝白庄子潜山油藏被发现的万人祝捷大会上，石化部领导决定将这个新发现的油藏定名为"雁翎油田"。

◎ 任丘油田发现井喷油

◎ 1977年10月，石油部领导亲临任4井喷油现场视察

◎ 1977年5月，4064钻井队在白庄子潜山构造开钻淀2井，10月中旬完钻，经测试获得日产原油1200多吨

雁翎勘探会战指挥部党的核心小组决定，龙虎庄前线指挥所移驻雁翎前线，统一组织指挥一场白洋淀边的找油大战，要求在最短时间内将这个油田探明查清，交付开发。淀2井喷油后的短短几天，一大批钻井队从四面八方汇集白洋淀，本来恬静的湖区，顿时车水马龙，机声震天；千顷碧波里，地震船穿梭作业，炮声隆隆。水乡人民欢欣鼓舞，就像当年支援雁翎队打鬼子那样，劈波斩浪支援石油会战。当时民间流传着这样一段顺口溜，"白洋淀哎宽又广，荷花飞飘十里香，当个炮手多荣光，我为四化献力量。"

不久，一口接一口千吨高产井建成投产。根据任丘、南孟及龙虎庄等油田的勘探实践，一个成功的经验就是在短期内集中钻探，打歼灭战，很快使油田转入开发。

1977年11月，在雁翎勘探会战的高潮中，紧临白庄子潜山的刘李庄构造上又传出喜讯，雁24井在古近—新近系底部获高产油流，最高日初产原油达到1076吨。

经过多年的奋战，在辽阔的白洋淀，一座座井架立起来了，一排排白色的采油井房坐落在离地面十几米高的钢架上，一条条银色的管道延伸在碧波荡漾的荷花淀里、芦苇丛中。如今的白洋淀宛如一颗灿烂的明珠，镶嵌在辽阔富饶的华北平原。

白洋淀的"春天"来了！

石油人捐献飞机始末

郑 冰

1951年6月1日，中国人民抗美援朝总会发出《关于推行爱国公约，捐献飞机大炮和优待烈属军属的号召》（时称"六一号召"）。这一次玉门石油人再一次不辱使命，无私解囊，发扬了一马当先的"玉门品格"，成为全国产业工人最早响应号召的企业，"捐献飞机大炮"走在全国石油系统的前列，他们把自己的命运同国家民族的命运再一次联系在一起……

1951年6月8日，玉门矿务局在全矿发起捐献"石油工人号"飞机倡议，并于10日由玉门矿务局经管委员会决议成立抗美援朝分会，选举杨拯民、熊尚元等13人为委员，组织开展以抗美援朝爱国主义教育、劳动竞赛、捐款捐物和爱国卫生运动为主要内容的活动，并建议全矿职工捐献战斗机一架。其实早在1951年的1月，玉门油矿工会就

© 1951年，玉门矿务局捐献的"石油工人号"战斗机（美术作品）

已发出了开展经常性爱国主义劳动竞赛的号召。截至 1951 年 6 月，在捐献钱物活动中油矿上下共捐献人民币 9055 元（旧币），捐款日用品 730 件。

捐献"石油工人号"飞机倡议发出后，全矿职工及家属积极响应号召，纷纷表示："多打井，多出油，支援中国人民志愿军抗美援朝，保家卫国。"有档案记载："目前捐献运动在全局各个角落均已展开，截至 1951 年 6 月 11 日捐献已突破十亿元（旧币），运动犹在持续中。"15 日，短短 7 天的时间玉门石油工人就捐出人民币（旧币）15.7 亿元，实现了捐献"石油工人号"战斗机的愿望，且捐献金额超过当时购买一架战斗机的价格。此后，玉门油矿捐献活动持续进行，并在整个石油行业掀起了新一轮的捐献战斗机热潮。[为了捐款时计算和筹划的便利，总会拟定捐献一架战斗机需 15 亿元（旧币，下同）；轰炸机 50 亿；坦克 25 亿；大炮 9 亿；高射炮 8 亿元。]

"我局（玉门油矿）已按石油工人号一架进行，全矿职工和眷属捐献情绪极为热烈，玉局已要破 16（旧币）亿挑战书新纪录，快报贴满厂队及办公室门口，工程师郭履恺捐 600（旧币）万元，保持个人最高纪录，19 岁长工赵树田把一年来储蓄 20（旧币）万元结婚费全部捐献出来，妇女把金银首饰都捐了出来。儿童把糖果钱捐出买飞机，有的捐献每月新工资的百分之一至百分之五到抗美援朝胜利，捐献情绪正在继续高潮中。"

这段来自档案的文字真实记述了玉门油矿捐献活动的详细情况。"工程师郭履恺""长工赵树田"和"捐出糖果钱的儿童"虽已无处找寻，但玉门人展现出的"敢为人先、无私支援，奉献石油"的玉门精神令人敬佩，"16 亿（旧币）"数字背后也给人以无尽的遐想……

鉴于玉门油矿捐献活动中表现出的反应迅速和斐然成果，西北石油管理局为鼓励职工和家属更踊跃地参与到捐献活动中去，还统一印制《"石油工人号"战斗机捐献纪念册》作为纪念。

这张"石油工人号战斗机"捐献纪念册保存在七里村采油厂党建工作室。这本捐献纪念册真实地记录和见证了延长油矿（七里村采油厂的前身）广大干部职工和家属积极开展抗美援朝捐献运动，踊跃支援志愿军的历史事实。

"六一号召"发出后，燃料工业部石油管理总局发动石油工人为抗美援朝捐献飞机大炮，提出了"多出油，快生产，支援抗美援朝""多增产，捐献飞机大炮"等宣传口号，全系统掀起轰轰烈烈的支援抗美援朝运动。西北、东北石油管理局形成响应号召的联动局面。

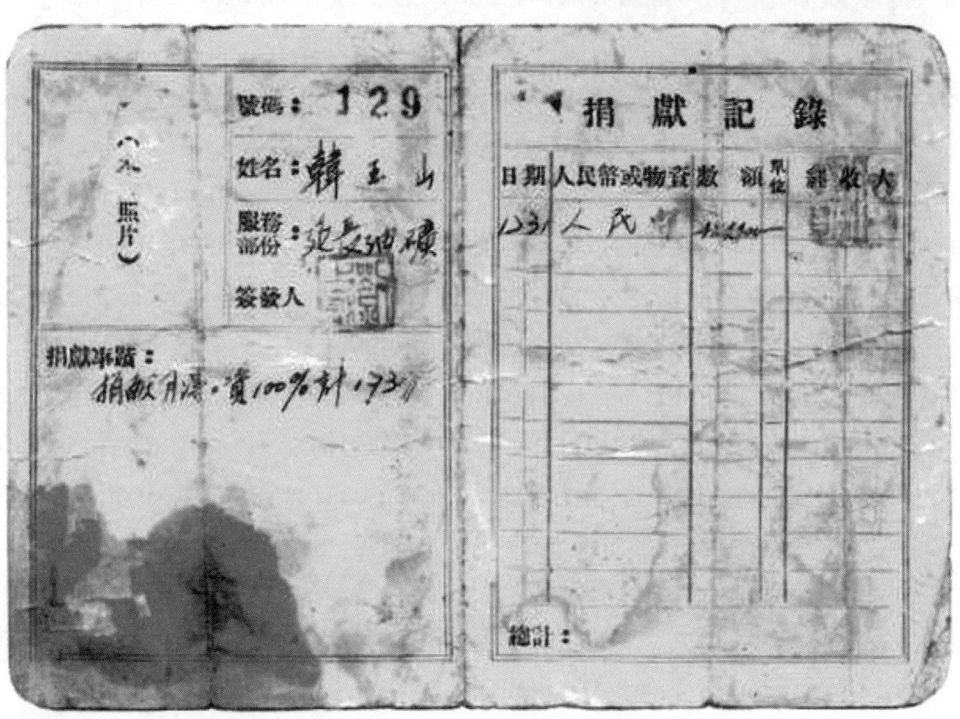

◎ "石油工人号"战斗机捐献纪念册（延长油矿 韩玉山）

1951年6月14日，燃料工业部石油管理总局在全系统转发了《关于玉门油矿抗美援朝代表会议有关捐献第一架"石油工人号"战斗机的来电单》，具体内容如下：

  石油管理总局徐、严局长转全国各地石油产业的群体职工和眷属，我们玉门油矿的群体职工和眷属积极响应抗美援朝总会的号召，为了使我们英勇善战的志愿军能够以更小的牺牲消灭更多的敌人，早日取得战斗的最后胜利。我们争取首先在七月底以前捐献第一架"石油工人号"战斗机作为向你们敬上全国石油业的工人阶级弟兄进行爱国竞赛的内容之一，此外我们誓以继续普遍持久地开展与恒昌小组竞赛，保证彻底实现爱国公约，输出更多更多的汽油，加强国防做好优抚工作，支援我国在朝志愿军与朝鲜人民军，让我们在伟大爱国主义的旗帜下，团结起来，贡献我们的一切力量，早日取得战争的最后胜利。

  此致，敬礼！
  玉门油矿 抗美援朝代表会议 六月十四日

《来电》转发后，一场声势浩大的捐献活动在全系统全面展开，之后，燃料工业部石油管理总局又分别向西北管理局、上海办事处、重庆办事处发函，动员全体职工完成增加上缴任务，完成"筹献二架，需款30亿（旧币）"的任务，指定西北石油管理局及所属企业负担最低24亿（旧币），能超过更好，余款由总局改沪、渝两处筹足，并统一以"人民石油号"名义向国家购买，后更名为"石油工人号"。截至1951年7月底，全国石油系统完成了捐献两架飞机的任务，实现了石油人为抗美援朝做贡献的愿望。

  东北石油管理局应势而动，石油各厂职工和眷属积极参加当地政府号召的捐献活动，石油一厂、二厂、三厂、四厂积极参加抚顺市政府组织的捐献活动。1951年10月28日《抚顺日报》第二版、1951年12月3日第三版分别对各企业单位捐献活动进行登载。其中，制油厂（现石油一厂）前几个月和十月分别捐献317168726元和177171654元（旧币，下同），东制油厂（石油二厂）分别捐献10281342元和5031000元，人造石油厂（石油三厂）分别捐献58032320元和40117518元，抚顺化工厂（石油四厂）分别捐款37478980元和28168695元。4个石油厂累计捐款673450235元旧币。

  全国石油系统捐献的飞机、油品和油脂等军需物资源源不断送往前线，石油人竭尽全力、不遗余力用实际行动支援了抗美援朝战争。

  1951年12月29日的《新华日报》，报刊头版醒目位置《中国人民抗美援朝总会关

◎ 1951年8月6日,《人民油田》"石油工人号"相关报道

◎ 1951年10月28日,《抚顺日报》第二版登载抚顺各企业单位捐献统计表

◎ 1951年8月,玉门矿务局井下作业大队从事修井作业

◎ 1950年4月,燃料工业部恢复建设东制油厂,工人在安装硫铵塔

于进行结束武器捐献运动工作的通知》《全国人民爱国捐献运动即将胜利完成》两篇文章对全国捐献情况给出了具体说明。"从1951年6月1日号召发起至12月26日止，中国人民银行总行实际收到全国各地捐款已达47280亿余元（旧币），折合战斗机3152架。"

中国人民抗美援朝总会于1952年6月24日对全国人民捐献武器运动进行总结，截至1952年5月底，全国各界人民共捐款人民币55650.37万元，可购战斗机3710架。

抗美援朝战争期间，无数志愿军战机雷霆出击，为夺取战争最后的胜利起到了至关重要的作用。这期间包括"石油工人号""抚顺工人号""常香玉号"在内，无数战机背后的故事都等着我们再去唤醒与揭秘。

作为参与过或是听说过战斗机捐献的人们，一定都想知道自己和先辈们捐献飞机的下落。经过考证，很多预先确定的"××号"飞机并非以捐献者的命名从军，而是沿用了空军战斗机序号。诸如：常香玉捐献的飞机最终以"0136"序号编入空军战队。无论捐献的"石油工人号"战斗机以何种编号命名，它们必将在历史的天空中占有一席之地。

体育精神是一笔宝贵财富

马燕丽　资料提供：刘积舜　梁　芳

　　石油工业是艰苦又具有风险性的行业，需要大批用先进科学技术武装的具有敬业献身精神、不怕艰苦和健康体魄的社会主义事业接班人。北京石油学院建校之初就坚持德、智、体三育并重的育人原则。体育在北京石油学院的历史上占有一席之地。院方认为大学生正在成长发育时期，搞好体育不仅是搞好德育、智育的基础，也是为培养青年艰苦奋斗的顽强意志，培养集体主义荣誉感、自豪感和奋发图强精神风貌的重要途径。

　　北京石油学院从1953年建院开始就广泛地开展以劳卫制为主要内容的群众体育活动。每年举办春、秋两次运动会，并组建了田径、足球、篮球、排球、垒球、体操、举重、羽毛球等16个代表队。由于新建院校，各方面处在创业起步阶段，竞赛成绩不理想。以田径为例，1955年第一届北京市高校田径运动会总分获得9分，直到1958年第

◎ 1958年1月，石油学院女子篮球队合影

◎ 1959年，北京石油学院链球组队员合影

◎ 1958年，北京石油学院足球队与国家队比赛，守门员准备出击接球

◎ 1957年，北京石油学院排球队比赛，罗伟扣球

◎ 1958年，北京石油学院男子体操队参加北京市体操比赛，全队获国家二级运动员称号

四届高校田径运动会总分也仅获得14分。

1958年我国石油工业面临巨大发展形势，北京石油学院也处在重大的历史转折时期，经过5年的努力，各项工作都进入健康有序的发展阶段，北京石油学院投入更大的精力，努力提高育人质量。在体育方面学校提出"为了总路线，一定要把我们锻炼成钢铁英雄汉"的口号和"政治挂帅，领导带头，发动群众普遍开展"的方针。全院学生体育锻炼出勤率达99％，普遍通过了劳卫制一级和二级标准。当时北京石油学院院党委提出要"破除迷信，解放思想"和"一马（体育）当先，万马奔腾"的工作方针。在田径方面制定了"跨航空，赶矿业"的奋斗目标。以体育为突破口，使全院工作上一个新

台阶。

1958年，北京石油学院下定决心改变各种体育竞赛中的落后面貌。北京石油学院党委书记兼院长阎子元在干部会上说："想当年贺龙同志一把菜刀起家，发展为浩浩荡荡战无不胜的红军队伍。我就不相信北京石油学院体育搞不上去。体育如果上不去，不是群众中没有人才，而是我们院党委无能，我阎子元无能。"为了加强学院对体育工作的领导，1958年成立了北京石油学院体育运动委员会，由党委副书记副院长孙卓夫担任主任，并配备了相应的干部。

1958年8月10日，北京石油学院正式组建体育先锋营，集中了16个代表队300多名队员。体育先锋营又称体训队，实行统一领导、集中管理，建立党团组织，随班上课的方式。在体训队开始组建时，孙卓夫强调："体训队员要发挥体育方面的才能为院争光，必须做到政治挂帅、三育并重、全面发展，这样才能扎根群众带动各项工作。因此每个队员要比一般同学多付出汗水，多挑重担。体育、思想、学习都要好，先锋营的战士必须是先锋是模范。"

北京石油学院对体育工作的明确态度，指引了体育的大发展。按照从难、从严、从实际出发，大运动量的原则，经过夏、冬两季的艰苦训练和思想教育，队员在身体素质、

◎ 1959年，北京石油学院全能跳代表队登香山鬼见愁

◎ 1959年5月，邓景伦在北京市第五届高校田径运动会上800米以2′24″7打破北京市纪录获冠军

精神面貌和体育技能等方面都有了很大提高。1959年5月，在北京市第五届高校田径运动会上，北京石油学院获女子团体总分第二名（82.5分），男子团体总分第四名（82.5分），男女团体总分列第三名（165分）。不仅超过了"航空"，还跨过了"矿业"，成为高校田径方面异军突起的一支劲旅。

1960年，第六届高校田径运动会上，女子团体总分跃居第一，男子团体获第四名，男女团体总分名列第二名，实现了"跨钢铁、赶清华"的目标。到1966年，北京

◎ 1960年，北京石油学院女子田径队参加北京高校运动会部分队员合影

◎ 1959年6月，北京石油学院棒球队在武汉参加全国高校比赛

◎ 1958年1月北京石油学院男、女乒乓球队合影

石油学院田径队成绩一直位居北京高校团体总分第二。

　　北京石油学院足球队1959年获北京高校联赛冠军,蝉联冠军至1966年。1959年参加了全国足球分区赛,1960年以不败战绩,获北京市足球甲级联赛冠军。同年还参加了全国足球乙级联赛资格赛,是参赛的唯一一支业余队,并取得战胜体育学院及部分省市专业队的辉煌战绩。北京石油学院男子排球队1959年获北京市乙级联赛亚军、北京高校亚军。1959年曾战胜"八一"青年队等获全国乙级联赛第四名。北京石油学院女子篮球曾获北京高校"跃进"杯冠军。北京石油学院武术队1962年获北京市高校冠军。北京石油学院棒球和男女手球队1959年均获北京市高校亚军。1960年北京石油学院击剑队获女子团体冠军,男子团体亚军,男女团体第二名;1963年获高校男、女团体冠军。1959年北京石油学院冰球队获北京高校第二名。1958年北京石油学院游泳队获北京高校第三名。1959年,北京石油学院男子体操获北京高校二级第四名,女子体操获高校一级第六名。北京石油学院男、女乒乓球队双双获高校第三名。北京石油学院男子羽毛球队获高校第六名,女子获第三名。北京石油学院举重队曾获北郊高校冠军。北京石油学院男子篮球队获北郊高校第四名。1958—1959年有3人4项成绩打破国家纪录,6人5项成绩打破北京市纪录,5人达到运动健将标准,有12名队员代表北京市参加第一届全国运动会。

◎ 1958年北京石油学院击剑代表队合影

◎ 1958年北京石油学院冰球队全体队员合影

◎ 1959年北京石油学院射击队在北京射击俱乐部进行训练

在各项体育运动中，北京石油学院登山队以其特殊的挑战性成为一个"现象级"的存在。1959年10月，北京石油学院成立登山运动队，25名学生参加了国家体委登山营训练，两人登上了海拔5215米高的"七一冰川主峰"。

1960年底，国家体委为创造世界女子登山纪录，成立了由北京大学等4所院校组成的高校女子登山队。在首批20多名队员中，北京石油学院就有6人（地55杜仁学，地56杨秉筠、沈娟华、物56李清鄂、肖郁复、炼59韩文芳）。沈娟华作为队员之一，怀着激情和渴望踏上了攀登雪山的征途。

◎ 沈娟华

1961年3月，沈娟华等人由乌鲁木齐乘汽车前往喀什，抵达喀什以后沈娟华才知这次要攀登的是西昆山脉海拔7530米的公格尔九别峰。它是世界第13座高峰，地质条件复杂，险情地带多，攀登难度大。进山前的训练在烈日炎炎下进行，每天负重几十斤重的石头行军3个小时，在持续了几个月的体力、体能、心理、攀登技术的刻苦训练后。1961年6月，队员们越过雪线，踏着探路人的脚印向预定高度前进，分别出现了头晕、恶心、呕吐、呼吸困难等高山缺氧反应。为了不断适应这种变化，登山队在雪线以下3500米处设立了大本营，在5000米处建立的一号营地可以存放食物、用品等，然后登上5500米处再建立二号营地，最后一个营地要建在

7000 米处，最后 200 米的登顶任务是由两名藏族女队员西尧和潘多完成。高校女子登山队编为预备梯队。

正当大家为国家女子登山队创造了新的女子登山世界纪录，登上了公格尔九别峰顶峰欢呼祝贺时刻，不幸的消息却传来了，在下山至 7000 米处时，发生了雪崩，西尧等 4 人的结组全部牺牲了；另一结组中的一名队员掉入极深的冰缝里，为了抢救这名队员，潘多等队员有的冻伤了手脚，有的因眼镜丢失而至雪盲，情况十分危急。深夜，周恩来总理从北京发来紧急指示：停止高校女子登山队登顶的计划。队员们只能怀着沉重的心情，十分艰难地完成了标本采集以及将 5500 米处营地物品全部撤下山的任务。之后，高校登山队们又先后两次攀登到 5000 米以上，经历了登、攀、高坡下滑、自救、翻山保护、机动支援等多次训练以及冷热高山缺氧的磨炼。经过一段时间休整，登山队在乌鲁木齐受到新疆维吾尔自治区党政军领导的接见后返回北京。

沈娟华毕业后服从组织安排到大庆油田工作，1965 年又转战胜利油田参加大会战。在胜利油田她曾任勘探开发研究院副院长、教授级高级工程师，被评为胜利油田劳动模范，获国家科学技术进步奖。沈娟华说："体育精神让我人生始终充满信心和力量。正是当年在北京石油学院体育先锋营时期形成的吃苦耐劳的精神，攀登高山雪峰直面生死的经历，让我从大庆油田、胜利油田一步一步走过来，留下的是扎实勤恳的石油人的脚印。"

◎ 1959 年 8 月 19 日，北京石油学院登山队 25 人（其中女队员 5 人）登上了海拔 5215 米的"七一"冰川。1960 年初，以北京石油学院为主成立的北京高校女子登山队，和国家队一起登顶公格尔九别峰。自左向右：许绍玲、肖玉馥、杨秉钧、张淑然、胡瑞芳

◎ 1960年5月10日,国家体委登山处处长史占春同北京石油学院女子登山队员合影

复活的生命之路

刘树英

"宁可少活二十年,拼命也要拿下大油田"是石油人的豪言壮语,也是石油老兵刘骥一生的座右铭。他六十一年的生命历程,每一个脚步都在坚实地朝着这个目标冲锋。

刘骥,1929年生人,1947年还在北京读高中的他就接受进步思想参加党的外围组织。北京解放,他毅然投入革命熔炉——华北大学学习,随之到山西煤矿开展革命工作。抗美援朝战争爆发,他正在燃料部干部学校学习中,第一个报名参加抗美援朝。1950年11月,他到中朝人民空军联合工程部战争前线,当了一名保障飞机战斗力的技师。

◎ 1950年11月,刘骥当上一名保障飞机战斗力技师

◎ 刘骥参加石油会战时工作照片

　　抗美援朝战争结束，组织安排刘骥回燃料部党委工作，他提出要去生产第一线。1954年先是说去玉门油矿，调令没写完，他知道还有更艰苦、更远的新疆独山子油矿，又坚决要求改到独山子油矿，干上了研磨重晶石的工作，以后又修柴油机。

　　开发克拉玛依油田、川中石油会战、大庆石油会战、大港油田会战时，他更是雄心满怀地"打起背包就出发"。尽管要抛下温暖的家，要在风餐露宿的条件下找油，他却认为只要能找到油，尽一份力，他的生命才有意义。

　　1973年，刘骥参加了石油管道建设，指导和参加了多个重点工程项目，组织引进了近6亿元的大型施工设备，提高了管道机械化施工水平。

　　1979年，刘骥不顾中苏边界紧张，曾经五根肋骨断裂，又身患糖尿病的他，主动请缨奔赴新疆石油管道克乌复线前线担任副总指挥。全线通油时，克乌复线实际投资比概算节约1200多万元。

　　1986年，刘骥高血压用药已近20年，糖尿病已用胰岛素控制。他不顾家人劝阻，带上胰岛素、酒精、注射器、背上防止低血糖出现时应急的"煮后晒干的黄豆"，甩下了"活着干，死了算，骨头扔到塔里木也心甘"的话语，作为石油工业部沙漠钻井顾问组成员，开始了寻找塔里木大油田的征程。

◎ 1973年，刘骥参加石油管道建设

◎ 1979年，石油工业部克乌复线工程竣工验收会在新疆举行

石油老照片

◎ 1986年，石油工业部沙漠钻井顾问组成员刘骥（右）在塔克拉玛干沙漠踏勘

◎ 刘骥与专家合影

◎ 1986年5月，刘骥与解放军某部舟桥专家讨论解决塔里木河舟桥设备制造工作

◎ 1987年6月，塔里木河上架起一座载重100吨的舟桥

面对塔克拉玛干浩瀚的沙海，刘骥知道揭开地下石油奥秘靠钻探，要钻探沙漠通道是关键，通道就是沙漠车加舟桥。沙漠车，他比较了日本、德国、法国各种车的各部分性能，提出了"我们所需的沙漠车"的构想，与厂家谈判，很快引进了适合我们的沙漠车。

塔里木河怎么跨越？他下无锡、奔南宁，向专家求教，到厂家考察。一节节方舟终于在塔里木河上架起了一座载重一百吨的舟桥。

塔中一井旁的一条宽20米、长60米，用14000块钢板铺成的飞机跑道，也是他恳请空军老部队帮助，为了运输生产而开辟的另一条通道。

刘骥认为每天注射胰岛素是他继续干下去的"拦路虎"，他请医生给他减少胰岛素，最后改吃口服药，带药再进入大沙漠。

1989年初，刘骥住进了管道局医院。他控制饮食，加大运动量，看书、翻资料，他笑称："这是精神转移治疗法。"胰岛素注射量逐渐由48个单位减少到10个单位。他感到重返塔里木就在眼前。可没想到，他开始无缘由地频繁发烧，查不出原因只好转院到中日友好医院。他向来探望他的塔指副指挥王炳诚要工作，王炳诚安慰他："上半年你好好弄病，七八月份接你一块进塔里木。"他盼望着、憧憬着进塔里木后再展身手。可谁知经过几个月的检查，却被告知家属得了"低分化腺癌"，已转移到骨骼、皮下等多处，最多存活半年。医生善意地告诉他本人查出是"胶原病"，需两年治疗、恢复。他遗憾地对又来探望他的王炳诚说："王指挥，我没完成任务。"但还想回塔里木的信念一直支撑着他。在一天要注射七八次冬眠灵、杜冷丁止疼，体重由100千克降至50千克，连相机也举不起来的痛苦中，他要找原沙运二队经理徐西华谈塔里木，在病床上他听徐经理谈沙漠运输，连续三天谈自己的设想。徐经理带走三盘录音带后，他松了一口气，可又拿到了一张"病危通知单"……

1990年10月25日，他开始水米不进、神志不清，口里却断断续续地说着："塔里木……沙漠……通道……焊接点……"直到10月28日，他的心脏停止了跳动，却没合上眼睛。

他的骨灰埋在了塔中一井、钢板跑道东侧的塔克拉玛干沙漠中。

如今，可以告慰刘骥的是，沙漠公路，它穿越原始胡杨林区，跨越塔里木河，穿越塔克拉玛干沙漠，把"中国十大最美公路"之一的美誉展现在世人面前。沙漠深处的油气田已是国家重要能源生产基地，为建设"美丽中国"提供了源源不断的优质能源，为边疆和少数民族地区经济社会发展发挥了重要作用。沙漠公路，以两旁的"生命绿"展示着塔克拉玛干沙漠的新风姿。沙漠公路，就是一条复活的生命之路。

家族篇

每个石油人的家里都珍藏着几本老相册，刘巍巍家里的老相册里全是华北石油大会战的老照片，那些老照片是父亲的宝贝疙瘩，给油田留下了沉甸甸的珍贵史料，也给自己的家族留下了传家宝，代代相传。20 世纪 50 年代，黄可、黄以、黄啦哥仨儿先后出生于玉门油矿，他们的名字连在一起是一个非常口语化的短语——"可以啦"。"可以啦"一家别具特色。铁人精神在石油人心灵深处生根发芽，"夫为男子汉，由二人组成"，争做第二个铁人，《我改名字叫"铁夫"》，要学铁人做铁人长大当铁人，做一个铁的男子汉。从此，这个家族有了一名"王铁夫"……

我改名字叫"铁夫"

王铁夫

学石油,干石油;学铁人,做铁人;学铁人精神,改了我的名字,也改变了我的人生,激励了我的一生;让我为石油奋斗了一生。

◎ 1959年12月24日,王铁夫(当时称王化中,前排左一)在内蒙古新帐房小学少先队合影

◎ 1959年12月24日，父亲王星（中排右一）母亲毕亚文（后排左一）与教职工合影

◎ 1961年9月，王铁夫（当时称王化中，后排右三）在内蒙古新帐房小学师生合影

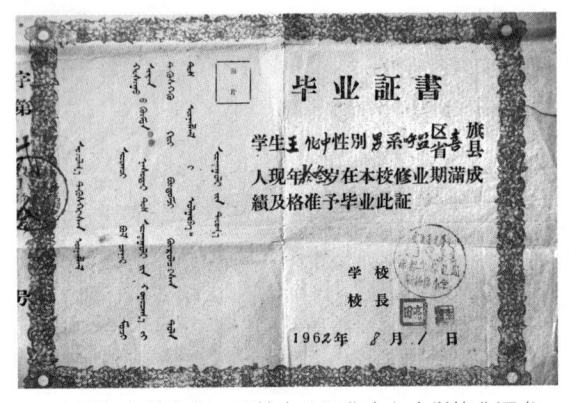 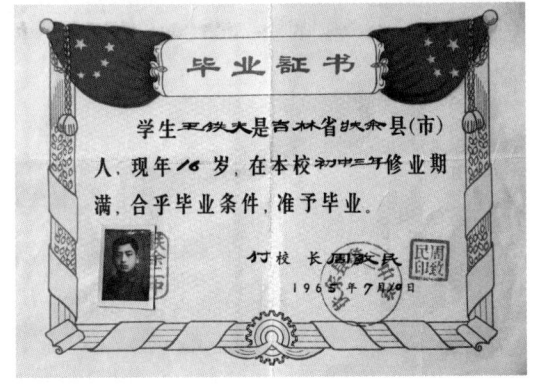

◎ 1962年8月1日，王铁夫（王化中）小学毕业证书　　◎ 1965年7月10日，王铁夫初中毕业证书

学习铁人改名字

1962年，我在大兴安岭升入内蒙古喜桂图旗（现牙克石市）所属库都尔森林工业局中学读书。父亲回老家后，对我住校生活不放心，返回林区接我回乡。

在我回乡路过萨尔图火车站时，下车散步，只见霞光满天，华灯初上，铁路两侧井架林立，车水马龙，弧光闪烁，一派繁忙，如火如荼。那时松辽石油大会战已经进行几年了，"大庆精神大庆人"的报道，铁人王进喜的事迹见诸报端。铁人精神感人至深，在我的心灵产生共鸣。我就和父亲商量，我也要学铁人做铁人长大当铁人，做一个铁的男子汉；我想把化中的名字改为"铁夫"，"夫为男子汉，由二人组成"，争做铁人第二。父亲非常支持，利用转学机会改名字，对外影响不大。由此我的名字就开始称谓王铁夫了。但原来熟悉我的亲戚朋友同学还常称我王化中。

下乡知青迎艰难

1968年秋，根据国家"知识青年到农村去，接受贫下中农的再教育"的要求，我结束了6年的中学生活，高中毕业到农村参加生产劳动。通过与生产队社员共同生活和劳动，与社员群众建立了深厚的感情，社员们投票选举我为生产队会计。

两年多的农村生产劳动，使我更深入地体验到中国农村农民的生活生产概况：较原始的生产工艺技术，耕种收割工具落后，基本上没有农用机械，劳动强度较大、辛苦；当时还没有通电，照明一般都是煤油灯、蜡烛；交通运输是铁车，牛马牲畜是主要运力，胶轮车都很少，泥土路，雨雪之后，特别难走；粮食脱粒加工要靠石碌子、石磨、石碾子。农民的社会生活标准相对较低，文化程度不高。

秋收要送公粮。我被推选为生产队会计后，随车送公粮是我的具体任务。车老板是老农民，负责赶胶轮车、管车、管拉车牲口拉运，到粮库解开粮袋口；我负责找化验、验收、过秤、核算、结账等，还有一项特重体力劳动，就是要将约2吨4000斤20多麻袋的粮食扛运到国储粮库的粮囤上去。粮囤高约6米多，有5节木跳板，当初不知道木跳板与布鞋没有摩擦力，穿布鞋走跳板是打滑的，根本就迈不开步。没办法，只好脱掉鞋子光脚板上，背上扛一麻袋一百六十七十斤粮食，脚下5节跳板，跳板上还有毛刺，扎得脚钻心地疼，跳板还在晃悠，人也心惊胆战。当时的确真是太难啦！但是，我是知青，我还年轻，我是"铁人"，下定决心，不怕艰难，挺起腰，咬咬牙就坚持下来了。第一麻袋粮食扛上去了，到了囤顶，双手攥住袋底，低头哈腰，将粮食从头顶倒入粮囤，浑身轻松，我成功啦！胜利啦！从此爬多少节跳板都无所畏惧。多大的困难，只要不害怕，一咬牙，一瞪眼，就过去了。

由于当年风调雨顺、粮食丰收，本生产队约50垧（1垧等于10000平方米）土地、百十个劳动力、年总收入六万元的情况下，通过精打细算，年底结算分红（10工分构为1.67元）比上年1.10元增长50%，创历年新高，绝大多数人家都有现金收入，社员们喜形于色。

基干民兵战"八三"

1969年，中苏边境珍宝岛事件发生，在国家"备战为人民"的号召下，各级普遍建立健全了民兵组织，我在生产队任民兵副排长，组织年轻人挖防空洞、训练。去公社武装部开会，大队民兵营长李元成让我发言汇报。后经大队推荐、公社同意，扶余县（现扶余市）武装部批准，1969年10月20—25日，我出席扶余县民兵第三届学习积极分子代表讲用交流大会。这是我在农村下乡劳动期间参加的最高规格的会议，也是最高级别的奖励。

1970年秋收后，我以基干民兵的身份，参加了大庆至抚顺"八三"石油管道的挖沟施工会战。当时，上级按照民兵集中训练的形式统一部署，由各公社武装部组织，以民兵营排班编制。我是班长，班里8个人，带着行李和施工工具，集中到公社，工具粮食由马车拉着，行李自己背着，整齐排队步行约300里，4天走到工地。最后一天，早上4

◎ 1969年10月25日，王铁夫（前左二）及新城局公社代表团参加扶余县民兵积极分子代表大会留念

点出发晚上9点到驻地（前郭县吉拉吐公社梁窝大队），17个小时（包括乘船过江吃饭、休息）走了120里路，我的脚上都起了泡，也坚持下来。住在工地附近的社员家或仓房里。施工任务是每人挖8米长的管沟，上宽2.5米下宽1米深2.3米的标准，沟边有半米的人行道，7天内完成50多立方米的土方。圆满完成任务后返回大队。

参加会战到油田

1971年5月17日，我终于如愿以偿被招工到扶余油田（当时已经改称"七〇油田"）参加石油会战。编入扶余油田会战兵团33连。住在油田运输公司车库里，主要从事修路，后来到了后勤部所属的机砖厂。劳动3天后，当时的生产指挥部劳资组从33连抽调4人帮助招工，我在其中。到劳资组后即开始招工的内查外调，当年8月我们4人的人事关系转入劳资组。1972年1月，劳资组的老师傅孙英奇、王金城即与我谈话，鼓励我努力工作，并在政治上要求进步，争取入党。"家庭出身不能自主，但是道路可以选择"，只要历史清楚，可以教育好的子女入党事例有很多，要积极申请入党。由于有父亲入党时的教训，俗话说"一朝被蛇咬，十年怕井绳"，我还是有顾虑的，怕重蹈父亲的覆辙。后来，在两位师傅的帮助下，还有其他同志的事例，我消除顾虑，积极靠近党的组织，递交了入党申请书。

在七〇油田劳资科工作期间，根据油田基层劳动工资人员的工作需要，经过调查研究，1973年，领导同意我编辑一本《劳动工资资料手册》，内部印发给有关领导和具体劳动工资工作人员使用。手册将国家、石油部、吉林省和油田关于劳动工资工作政策规定、月工资标准、日工资标准计算，收集整理，编成表格，印刷成书，可以随时查阅使

◎ 1978年8月,王铁夫(前蹲左一)参加石油工业部工资改革调查组工作,在大港油田留念

用,一目了然,非常方便,解决基层工作人员具体工作需要,很受欢迎。1975年2月,因工作表现出色,我光荣加入中国共产党。

几十年工作中,在大庆精神铁人精神鼓舞下,传承铁人精神,弘扬铁人精神,有着不尽的动力、有了无限的激情,不惧艰难困苦,不怕艰难险阻,勤恳努力,认真钻研,结合对外合作的实际,积极探讨高素质人才培训的方法以及人才培训的管理机制,加速人力资源开发,为中国石油加快实施国际化经营的步伐,做出有益的探索,获得了点点成效和荣誉。

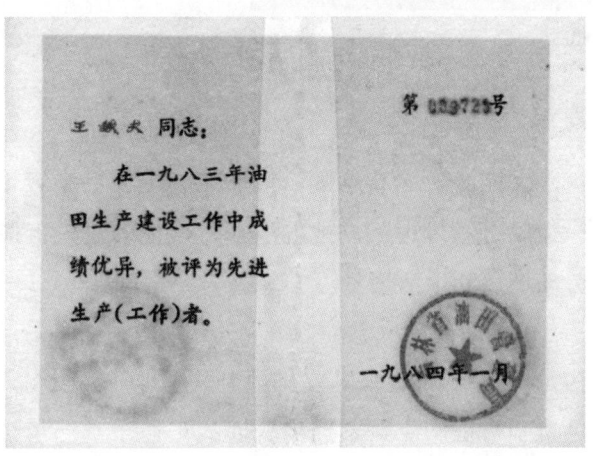

◎ 1984年1月,王铁夫获1983年吉林油田先进工作者称号

我们家的老相册

刘巍巍　供图：刘立昌

◎ 刘立昌当兵时候的照片

翻出我们家的老相册，静静地坐在午后的阳光里，仔细看一帧帧老照片。大相册有十几本，还有大盒小盒的黑白老底片。别人家的老相册里大都是外婆祖母、父亲母亲年轻时的模样，或者是孩子们成长记录照片。而我们家的老相册里绝大多数是华北石油大会战的老照片，家人的照片没有几张，父亲痴迷摄影是出了名的，家里最值钱的就是照相机，石油会战的老照片是父亲的宝贝疙瘩。

一

父亲是一名普通的石油职工，退休后整天忙忙碌碌地整理他的老照片，他说，他的一生没有做过惊天动地的事情，但他的这些老照片却记录了华北石油大会战时期的艰苦劳动场面和生活情景。

父亲17岁从农村参军入伍，在第二炮兵部队先在特务连当战士，后调到团机关，1973年5月部队领导安排他到桂林学习摄影，短短的45天，让父亲这个连照相机都没见过、对摄影一窍不通的普通战士初步掌握了摄影流程，带着抄写的学习收获和三份冲洗照片的药方，开始了他的摄影工作。

1978年5月，父亲退役后参加石油大会战，具体的职务是安全员。因为学过一些摄影，所以领导有时候会安排让他拍一些会议、活动等，但大多数时间，他凭着自己的业余兴趣奔跑在石油钻井现场，因为没有具体的拍摄任务，所以他的照片也没有受到当时"高大全"框框的影响，他喜欢拍摄普通人的生活与工作。他说，他总觉得这些照片将来有用。

◎ 1978年12月，勘探二部32668女子钻井队的姑娘们在"雁一井"井场劳动

◎ 1978年8月，会战时期勘探二部机关干部和工人经常到钻井队井场参加义务劳动，图为机关干部和工人为钻井队搬家

二

  有时候他也会给我和母亲讲照片背后的故事，我印象最深的是一张"修井工"，照片上的人像"雕塑"一样，一身油污，一身汗水，都分不出前胸后背。他告诉我们，身上沾满的原油，下班后要用汽油去洗，用刷子沾上洗衣粉去刷，洗澡成了很痛苦的一件事，听得我直起鸡皮疙瘩。

  老照片里有华北石油女子钻井队的几张照片，照片上有姚阿姨的身影。姚阿姨十七八岁参加工作，1977年3月8日华北石油女子钻井队成立，她被分到女子钻井队参加石油大会战，到1979年女子钻井队解散，她分到和父亲一个单位工作，姚阿姨能歌善舞，歌唱的和专业歌手一样好听，她曾拿过会战指挥部文艺汇演歌唱一等奖。照片上姚阿姨紧握刹把，目光坚毅地紧盯着钻台上一举一动，十分认真。她那时就是生产骨干，钻井班的班长。我曾问过姚阿姨，那么高的井架爬上爬下你们不害怕吗？她跟我们说："害怕的，刚上井架两条腿吓得发软，练得时间长了就习惯了。"她还给我们讲女子钻井队的故事，冬季钻井台上又是泥又是水，小北风一吹都冻到骨头缝里，一个夜班下来棉裤和鞋子冻在一起，一走路棉裤上的冰碴都嘎吱嘎吱响，到了宿舍棉裤与鞋子都得别人

◎ 1983年,《一身油,一身汗》,修井工人的真实写照

◎ 1978年12月,《巾帼不让须眉》,32668女子钻井队的姑娘们在钻井平台作业（扶杀把的是姚阿姨）

帮忙往下拽,棉裤脱下来像冰棍一样放在地上都不会倒。那个年代条件很艰苦,但人们的热情很高,我佩服姚阿姨的勇敢与坚强。

1982年,我两岁半时随母亲调动来到石油单位,当时住在钻井二部石油大院。大院建在一片盐碱滩上,由几十栋简易砖房、帐篷和铁皮房组成。父亲每天都很忙,出门进门总是背着照相机,父亲没有星期天,一到星期天不是义务劳动就是到石油钻井队拍照片,总是见不到人。

三

父亲喜欢安静,不习惯对外社会交往,不喜欢聚会热闹,但他对摄影却非常痴迷。那时候我们家的生活条件并不好,日子过得紧巴巴,父亲攒钱买几个胶卷,总省着用。有一天母亲让父亲去买鸡蛋,父亲拿了钱骑自行车就去了农村的集市。在那个物资匮乏的年代,什么东西都是定量供应,小孩子能吃上鸡蛋就算是很有营养了。可等了半天父亲却空着手回来了,母亲问买的鸡蛋呢?你没有去赶集吗?父亲愣了半天才说:"鸡蛋没买,买胶卷了。"当时母亲非常生气,一个礼拜没理父亲。这件事母亲说了多少年,到现在都还耿耿于怀。

我上小学的时候,一个春天,父亲说带我们娘俩到附近石油钻井队去看看,这是我第一次去井队,很高兴,早晨起来赶紧梳头、洗脸、打扮得漂漂亮亮。

我们吃了饭,骑了两辆自行车就出发了,好像走了很远、很长时间,我总问怎么还没到呢?父亲说看前面井架子就是。我看见井架好高好高呀,井场里有一排排的大铁管子,井场边上有两大排铁皮房,这是工人的宿舍。到了钻井队父亲给我们娘俩照了几张合影就去忙他的创作去了。我和母亲在井场边看了一圈没有什么好玩的,来时的高兴劲都没有了。

后来母亲在周围发现好多野菜,我也注意到有好多小野花,才总算是找到了乐趣。母亲和我拔野菜没多久,风来了,越刮越大,刮起的盐碱沙打在脸上都睁不开眼,父亲突然冲过来,带我们去铁皮房避风。

房子里床上还算干净,门边上有一双油糊糊工鞋,还有铁皮桶里泡的衣服,水面上还飘着油花。透过铁皮房的窗户,我看到风刮着盐碱滩上大扎彭(大扎彭是盐碱滩上生长的一种植物,圆圆的有半人高,它的根浅,春天刮风它就吹掉了,当地人都叫扎彭棵)骨碌骨碌地跑,而钻井台上工人们却还在紧张地忙碌着。

◎ 1978年12月,为了抢进度,勘探二部创造"当天搬、当天安、当天开钻"的"三个当天"

◎ 1979年5月,华北石油会战时期,物资比较匮乏,工人们经常修旧利废,保证生产

风小了，我们往回走，回去的时候是顺风，比来时快了许多。这次的"井队之旅"让我们印象深刻，我们见识了很多从未见过的场面，当然，还有一大车筐野菜……

四

父亲退休后，每天的时间安排地满满的，拍摄、整理照片、做专题，每天有做不完的事。母亲说："比上班时还忙，啥事也指不上他。"

他开始系统整理40多年拍摄的老照片，这些照片重现了当年石油大会战的艰苦岁月和石油人坚韧不拔的意志和实干精神，他拍摄的这些照片，开始不断得到社会的认可，经常见诸于各级报纸和摄影杂志。

同时，他也没有放下相机。这十多年来，他又把主要精力放在了家人和他曾经生活过的农村，他喜欢拍摄他自己熟悉的事。眼看着崛起的雄安新区，他追赶着时代的步伐，争分夺秒地拍摄雄安巨大变化，以及白洋淀的风光。

现在，我的女儿都11岁了，父亲从我女儿一出生就开始拍，一直到现在，女儿成了姥爷的小模特。只是现在用数码照相机，可不像给我小时候拍照那样舍不得胶卷。

几十年来，父亲相机不离身，从拍石油会战和拍石油人到目标转向当代农村、农民和农业的变化，且取得了不菲的成就。2013年评为河北省十大杰出摄影家，由开始的业余爱好到作为一项事业来做。上千幅记载华北石油大会战的老照片成为珍贵的历史资料，经常见之于各级报刊、摄影杂志及各种展览。

这几年，我家的老相册里又增添了新的内容。父亲开始拍摄反映农村生活的专题片"土地""北方土炕"系列作品。他坚持吃住在农村，整天在地头、炕头与农民交心，取得他们的信任，与农民成为好朋友，才拍摄出很多既有史料性又有艺术感的精品。他又用几年的时间，拍摄完成了反映白洋淀地区生活的"小巷亲情"，当我看了这些图片后，觉得它应该是"土地""北方土炕"等专题作品的姊妹篇，是又一部精品力作。"北方土炕"2017年入展第七届大理国际影会和第17届中国平遥国际摄影大展。"小巷亲情"2022年入展凤凰全国摄影展。

父亲的摄影作品里，没有宏大的场面，没有震撼的人物，都是些名不见经传的"乡野村夫"和"土得掉渣"的老建筑。但恰恰是这些小人物、老建筑折射出当代农村环境的变化，折射出新一代农民的风貌。改革开放40多年来，中国乡村发生了翻天覆地的变化，村庄的生活节奏也和城市基本相同。可无论发生怎样的改变，他总是梦萦着昔年的

◎ 1979年2月25日，6004钻井队井架工在二层平台实施起下钻作业

亲友，乡村的炊烟，白洋淀的鸭鹅。沧桑巨变还在继续，村庄旧影却越来越模糊。无论对于谁，那个不可复得的昨天，都寄托了人们共同的乡愁。

雄安新区建设正在如火如荼展开，高楼大厦、千里秀林、碧波荡漾已经变为现实。而美丽乡村建设必将成为新区建设的重要组成部分。

我也开始帮助父亲整理照片，这些照片像他的生活一样，平平淡淡，不张扬，但又是那么真实。

我要把我们家的老相册作为传家宝，代代传下去。

"可以啦"一家

陈尔东

发小黄以在家排行老二，哥仨儿的名字连在一起是一个非常口语化的短语——"可以啦"。20世纪50年代，他们先后出生于玉门油矿。他跟我说，他们未出生前名字就都已取好了："有一天，妈妈王树华向邻居阿姨尚尔策诉说自己怀孕的感受，随口说了句，'只生一个孩子就可以啦。'尚尔策打趣道，'怎么只生一个呢？可以啦是三个。'"这是否有点天意？令我注目"可以啦"一家。

剑指第一

黄以的爸爸黄剑谦，国立交通大学唐山工程学院矿冶系毕业后，1944年9月奔赴祖国大西北玉门。当时甘肃油矿局运输处设在重庆，处长张心田。至玉门设渝广、广兰、兰肃、厂矿4个段，有数百辆两吨载重的雪佛兰铁槽汽车。上矿首先乘渝广段的汽车。这些卡车把玉门油矿生产的汽、煤、柴油，装入53加仑大桶运出来，并把空大桶和油矿用器材物资运进去。从重庆到广元的渝广段段长贾锡彤将黄剑谦介绍给司机。他坐在司机楼里，驶离歌乐山，上了征程。换乘4个段的汽车11月初到了甘肃老君庙油矿。

投身于石油工业的黄剑谦开始了他一生中的许多第一。半年实习结束后，他负责编写了《油气产量计量单位的统一和转换》，首次改变了我国油矿计量单位不统一的状况。1946年初，他成功设计了我国第一座油气分离系统，结束了天然气放空，同时设计出天然气的民用供气工程。新中国成立前夕，国民党驻玉门油矿特别党部人员动员黄剑谦去台湾，他毅然选择留在大陆。

新中国成立后，黄剑谦在玉门油田计划科、设计室、石油工业部玉门设计院任工程师、主任工程师、总工程师，主持玉门油田总体设计、注水工程设计、白杨河地下暗渠引水和原油东运设计。1953年，黄剑谦主持设计天然气回注工程，组织领导设计人员首次进行老君庙油田地面油气集输系统的流程改造和扩建工作。

◎ 1995年，黄剑谦病重期间凭记忆手绘1945年玉门油矿地图，老玉门地名坐标基本在其中，此图参照了十余位玉门老人回忆

◎ 1949年，"可以啦"三兄弟的母亲王树华（右）在玉门南坪八卦房

  1954年，黄剑谦主持设计了我国油田建设史上第一个油田边外注水工程，建立了4个注水泵站和相关的注水系统。1955年，黄剑谦第一次完成了用汽车油罐车东运原油设计，解决了油罐车保温、解冻、储油及鹤管装卸等关键技术。1956年，黄剑谦领导编制完成了我国石油建设史上第一项油田建设总体设计——玉门油田建设总体设计。

  1958年，新疆克拉玛依油田发现伊始，黄剑谦带领设计工作者，在戈壁滩上风餐露宿，勘察地形地貌了解水文地质资料，编制完成《克拉玛依油田建设总体规划》。据发小黄以回忆，20世纪五六十年代父亲黄剑谦在新疆石油管理局工作很忙，作为油田规划设计及油田地面工程团队的技术负责人，总是穿着呢子大衣，带着牛皮公文包不停地出差，先后跟着局领导张文彬、王其人、秦峰去北京石油工业部开厂矿长会议。父亲的一生历经了玉门、克拉玛依、长庆、任丘4个油田的建设。黄以的母亲王树华曾就读于辅仁大学。1947年暑期王树华到上海探望哥哥王树芝时，认识了黄剑谦。转眼间暑期已过，两人依依惜别。黄剑谦说："我要回玉门了，那里环境艰苦，比不得上海、北平，你愿意和我去吃苦吗？"尽管王树华出身于富裕家庭，始终生活在舒适的环境中，但她说："只要能与自己所爱的人在一起，就是走到天涯海角我也愿意。"而后天各一方的黄剑谦，几乎天天去信，一年竟写了200多封挂号信，为防遗失还编上了号，深深打动了王树华。1949年3月，他俩在重庆完婚，4月西行赴玉门。

那时没有长途旅客汽车，白天乘大卡车，走川北入陕甘，每天下午5点左右即住小驿站，晚上便打开早捆晚解的行李，没过多久陪嫁的绣花缎面被褥全破了。沿途没有什么餐馆，路边小店多是白水煮面条，桌上有时有3个小碟：盐、醋和辣子。黄剑谦是江苏人不喜醋及辣，白水面条里撒点盐，吸溜吸溜地吃得飞快，带动感染了王树华。

王树华怀着身孕，反应强烈呕吐不想吃饭，想吃绿豆芽，可一路上根本找不到。1949年12月，她生下第一个儿子黄可，仍未吃上绿豆芽。王树华打小在北京长大普通话纯正，1950年经军代表安排，成为玉门油矿广播站第一任女播音员。

◎ 1951年，王树人（左一）、吴燕生（左二）、王树华（右二）、黄剑谦（右一）在玉门合影

◎ 1951年，王树华抱儿子黄可在家门口合影

舍京入甘

　　黄以的二舅父王树人，1942年就读重庆大学时，参加了抗日飞虎队空军飞行员训练班，后返校就读机械系。1947年大学毕业后在重庆飞机场做机械师。他参加了"两航起义"，迎接新中国的解放。

　　新中国刚成立时百废待兴，黄以的二舅父和二舅妈回到北京，重庆大学经济系毕业的二舅妈吴燕生，在中国电影发行公司找到会计工作。同一时期，西北石油管理局副局长杨拯民到北京招技术人员。王树人极重兄妹情意，执意要去玉门工作，以求兄妹团聚，二舅妈只好遂愿。1950年到玉门矿务局后，他俩分到局机关，二舅妈的专业特长在矿务局得到充分发挥，1955年被提拔为局计划处统计科科长。

　　几年后，黄以的大舅王树芝也从延长来到玉门油矿工作。在油矿领导的安排下，兄

◎ 1952年，王树华在玉门和她的两个哥哥合影，大哥王树芝（左），二哥王树人（右）

◎ 1953年，王树人妻子吴燕生（左）抱着儿子王嘉翔和女儿王嘉丽，王树华（右）抱着大儿子黄可

妹三大家16口人，搬进了苏联专家住的房子，同住一个屋檐下，同吃一锅饭，10个孩子一同成长。杨拯民等领导常到家里坐坐，与大家一起叙谈，日子过得红红火火。

黄以的二舅父王树人任局安全技术处工程师，是军代表任志恒处长的得力助手。哪里着火了，哪里被水冲了，哪里出险情了，他就自驾摩托车和汽车去现场处理。有一次大雪纷飞，二舅父王树人穿着羊皮袄，带着皮帽子要进山，女儿王嘉丽抱着他的腿，说什么也不让他走，可是他还是冒着漫天飞雪进了山。还有一次井喷了，大火烧了三天三夜，他没回家，女儿天天站在窗户前，望着浓烟滚滚的天空发呆。

1958年秋，二舅父王树人陪同领导从玉门到新疆克拉玛依开现场会，不料在哈密出了交通事故，没有人员伤亡。但一向责任心很强的二舅父很自责，惊吓染病，被送往北京医治。

◎ 1953年，王树芝（左）、黄剑谦（中）、王树人（右）在玉门

◎ 1956年，王树华（左）、吴燕生（中）、吴彩云（右）姑嫂三人在玉门

◎ 1956年，玉门家门口，黄可、黄以、王嘉丽（二舅父大女儿，退休前任长庆油田子弟中学副校长，桃李满天下）

◎ 1957年夏，王嘉玉（左，二舅父的二女儿）、王嘉丽（中，二舅父大女儿）、黄以（右，黄剑谦二儿子）在玉门

◎ 1956年，王树芝和三个女儿

◎ 1957年，黄剑谦、王树华全家福

◎ 1957年，黄剑谦全家在玉门孙建初纪念碑前合影

投身矿业

　　石油老专家王树芝是黄以的大舅父，1938年高中毕业后，抱着投身矿业、报效祖国的信念，考入了因日寇入侵南迁到贵州的交通大学唐山工学院矿冶系。1942年8月毕业后，先后任玉门油矿技术员，四川天府煤矿技术员，上海中国石油公司助理工程师、副工程师等职。中华人民共和国成立前夕，他拒绝国民党反动派拉拢去台湾的企图，留在大陆。

◎ 1958年，除了王树芝去新疆出差和吴裁云去北京治病，还少两个孩子，这是全家16口在玉门最全的一张合影

中华人民共和国成立后,王树芝始终奋战在我国的石油工业战线,先后任燃料工业部石油管理总局工程师、工会主席,延长油矿采油主任工程师,玉门油矿采油厂副总工程师、总工程师,新疆石油管理局主任工程师。1975年11月调至辽河石油勘探局,历任曙光采油指挥部主任工程师、局副总工程师、技术顾问、教授级高级工程师。

大舅父王树芝先后在4个油田工作达40余年。1949年8月,他参与钻成中华人民共和国成立后的第一口石油天然气探井。1952年,他与童宪章共同参与制定了玉门油矿第一个开发方案的设计工作。1954年,他出任延长油矿主任工程师,主持了我国首例油井压裂试验。正在他试验选砂、洗砂工艺和制作加砂器的时候,大舅妈吴裁云被查出乳腺癌。一边是新工艺试验的关键时候,一边是拖着3个孩子和病魔抗争的大舅妈。他陷入家庭与事业的两难境地。不久后,大舅妈在西安做了10个小时的手术……与此同时压裂成功了!经过试油,这口井增产了10倍!他们又一口气干了3口井,使原油产量成倍增长。消息传到北京,石油部领导非常高兴,让他专门在全国第一次采油会议上讲解了这个新的工艺。

◎ 1959年,黄以(左三玉兔)剧照

20世纪50年代后期和60年代，王树芝在克拉玛依油田积极推广应用压裂技术，采用不加砂挤油方法使新油井投产后取得了显著的增产效果。20世纪60年代，王树芝主持的火烧油层、向地层注入二氧化碳和高温蒸汽等科学试验获得成功，使原油的采收率大幅度提高。王树芝苦心钻研，先后编译了大量的国外有关采油新工艺的资料和论文，经常深入生产第一线调查研究，在辽河石油勘探局主持了高升油田地下注蒸汽吞吐试验与先期防砂完井试验项目并获得成功。

王树芝主持试验成功的火烧油层开采技术、稠油开采技术、稠油注入蒸气开采技术，分别获全国科技大会奖、国家科学技术进步奖一等奖、石油部科学技术进步奖三等奖。1991年经国务院批准享受政府特殊津贴，先后担任《中国大百科全书》采矿编委、石油工业部科学技术委员会委员、辽宁省政协副主席等职。

黄以家的长辈们为人诚恳朴实，平易近人，工作上谦虚谨慎、认真负责、任劳任怨、不事张扬，从不计较个人得失，热爱祖国、热爱社会主义、热爱石油事业，是典型的老黄牛式石油元老。

◎ 1959年北京，吴裁云和三个女儿

◎ 1962年，王树芝在克拉玛依井场

情感篇

　　记忆的长河源远流长，封存在一段段故事中的珍贵回忆，定格在黑白老照片中，饱含跨越时光与空间的深厚情谊，也描绘着石油人历久弥新的奋斗历程。作为石油人的家族成员，"和平鸽松"深受父母身上大庆精神铁人精神的熏陶，终生像父母那样去奋斗。油田基建专家杨理衡数十年来心系新疆，关心烈士干部家属，关注徒弟发展，在石油的热土上诠释赤诚之心。真诚的相处之道，也让他与郎平家庭的不解之缘延续至今，情谊地久天长。中国人民的老朋友吉玛杜金诺夫夫妇用世间最美好的真情，与中国及中国留学生结下了数十年的忘年之交，谱写着中俄人民的友好篇章。老一辈石油人将一切奉献给了石油事业，或备受温暖，或历尽艰辛，不同经历下的拳拳石油情却始终炽热。

"和平鸽"落在松树上

朱小鸽

作为石油人的家族成员,从我童年起,写信、寄信、盼信、等信,就成了生活中的重要内容。

1959年,大庆会战开始以后,我的妈妈吴崇筠、爸爸朱康福经常在大庆,家里只剩我们3个孩子,大弟弟6岁,小弟弟不满周岁,我才9岁就当上了户主。我家的来客在院门口登记时,户主一栏就写我的名字,上幼儿园的弟弟开家长会,也是我去参加。

为了让参加大庆会战的爸爸妈妈放心,我曾专门带着弟弟们去照相馆拍照,然后把照片寄给在大庆的妈妈,照片背后写上了我们的心里话。

朱小鸽写:"送给妈妈祝您日子过得快乐。1960年4月25日朱小鸽。1960年4月19日照。"

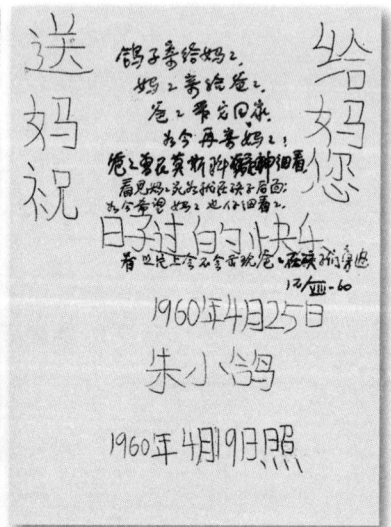

◎ 20世纪60年代,大庆会战时的"和平鸽"(左起朱小平、朱小和、朱小鸽)寄给妈妈的照片

朱康福写："鸽子寄给妈妈，妈妈寄给爸爸，爸爸带它回家，如今再寄给妈妈！爸爸曾在莫斯科凝神细看，看见妈妈宛如就在孩子后面；如今希望妈妈也仔细看看，看照片上会不会出现爸爸在孩子们旁边！"

我加入少年先锋队的时候，特地照了张照片给爸爸妈妈寄去，向他们报告这个好消息。

那几年，我应爸爸妈妈的要求，过一段日子就带着弟弟们去照相馆照张相，然后给在大庆的父母寄去，让他俩知道我们生活得很好，放心地投身石油大会战。

从这个意义上讲，我们自小就在支持大庆石油会战。

会战中的妈妈

1960年3月，妈妈扔下3个孩子（最小的不满7个月），与石油学院一批师生直接参加大庆会战。

石油工业部领导点名让妈妈负责组建地质实验室。1960年7月，妈妈调前线指挥部下属的对比大队，任岩心队队长，专搞钻井岩心的收集、整理与分析，这是当时"取全取准20项资料72种数据"的重要一环。为了提高取心率与保证岩心质量，她带领队员到井队与工人同吃、同住、同劳动。在各级领导与工人的支持下，大幅度提高了取心收获率，在关键井位上的取心率与岩心质量都达到要求标准。

妈妈曾给余秋里部长等领导讲解地质知识。因此，被会战指挥部领导誉为"吴教授"。

秋天到了，北部试采成功，大油田肯定找到了。自幼就梦想祖国富强的妈妈回国时经历了美帝阻挠封锁、苏联背信弃义的艰难开撕，看到中国人凭自己的力量找到了大油田，妈妈非常激动。在喇（嘛甸）72井出油时，她喜极而泣，暗下决心：为祖国的石油事业奉献一切！

大庆油田开发期间，妈妈先后6次去大庆工作。其中，在1962年去大庆时，见到了周恩来总理。就在这一年，妈妈被石油工业部授予"红旗手"称号。1964年，当选为第四届全国政协委员。1985年，"大庆油田长期高产稳产注水开发技术"被评为国家科学技术进步奖特等奖，妈妈为主要参与者。

1963年，妈妈怀第4个孩子时，胜利油田在东营地区找到高产油流，勘探进入关键时刻，石油工业部领导指名让她前往。她当时已在孕妊后期，不顾连续几天紧张的会议

◎ 吴崇筠在登记岩心资料

与旅途颠簸，始终坚持工作。我记得妈妈收拾行装时，带了一个铁饭盒，里边有一把剪刀和几块纱布。我问带这些东西是干什么，她说这些东西都用蒸锅消过毒，以备万一。我当时还不懂什么是万一，以后才明白，那是她准备万一在路途中早产用的。当年妈妈就是做好这样的准备去胜利油田的，她不愿因自己身体状况耽误工作。

妈妈一辈子淡泊名利，做得多，说得少。当年参加大庆会战的经历与成绩，她生前很少讲。

2009年1月22日晚，在北京21世纪剧院举办的中国石油直属机关春节文艺晚会上，当女声独唱"满怀深情望北京"时，舞台背景大幕布上放映了当年大庆石油会战的场景，其中出现了母亲头戴三角巾，挥锹铲油砂的大镜头……

会战中的爸爸

1960年4月，爸爸去苏联，历时3个多月。回国后就去了大庆，参加北京设计院派出的一个小组。先搞超声波原油降凝试验，后又为会战指挥部下设的基建指挥部设计局部试生产需要的一些站、场及输送管线等。

1960年10月后，在葡萄花油区建成一个小炼厂，以满足油田需要，但投产后却多次出现险情。爸爸被当时的会战领导小组副组长唐克司长派去葡萄花小炼厂，协助解决问题。

大庆油田产油势头猛，要求必须尽快建炼厂，第一个厂建在大庆。1961年初，石油工业部正式下达设计任务时，苏联专家撤走了，我国自己独立设计大炼厂是第一次。1961年春，爸爸浮肿将愈，就被部里派去接任大庆炼厂（当时还称黑龙江炼厂）的工厂设计师。他克服重重困难，当年完成年产100万吨规模炼厂的初步设计，保证了1962年4月1日开工，这在当时的苏联模式中被认为是"不可能"。紧接着，又进行大庆炼厂二期及扩建工程设计，"说是年产100万吨，实际250万吨"，大庆炼厂是我国当时最大的

◎ 1966年6月，朱康福（左一）参加的访问阿尔巴尼亚政府代表团参观农业合作社（左四站立者为王进喜）

炼厂，其中许多打破常规的做法得到石油工业部领导支持。负责炼油的孙敬文副部长对爸爸讲：放手大胆去干，万一出什么问题，部里负责，你要蹲笆篱子（监狱），我给你送饭！

当时工作繁重，条件艰苦，通常连夜加班，有时还吃不饱。爸爸记得：只有孩子在家，粮票也不富余，基本上没东西带来。嘴馋得厉害，当地人用水加点糖精，装在旧瓶中，卖几毛钱一瓶，我就买来喝过好几次。

大庆炼厂建设是大庆会战的一个组成部分，是新中国第一座完全依靠自己力量建设的大型现代化炼厂。各装置先后于1963年至1966年建成并一次投产成功，揭开了我国独立自主建设大型炼厂的序幕。爸爸是大庆炼厂的总设计师，并担任炼厂建厂指挥部工程办公室副主任。由于工作出色，1964年被提升为国家三级工程师，并于年底被选为第三届全国人大代表。1965年被任命为石油工业部北京设计院院长。1965年国庆，爸爸在天安门观礼台上出席了国庆典礼。

"和平鸽松"

1951年5月,我出生时,正是抗美援朝时期。当时,有一幅著名的招贴画:在天安门作背景的广场上,一个男孩一个女孩怀抱着和平鸽,天上飞着和平鸽;上面写着"我们热爱和平"。妈妈喜欢这幅画,对爸爸说:"我们将来也要有这样一对娃娃。"那个五一节前夕,单位发动大家清扫装饰办公室,创造喜庆气氛,妈妈就剪了大大小小好几个和平鸽贴在墙上。因此,给我取名朱小鸽。那时,我们家已搬到小径厂胡同,在一个四合院里,北屋住着唐克副部长一家,我家在西屋的两间屋里。

在我9个月大时,妈妈把我送到全托的托儿所(1952年春),她常年出差,只有爸爸去托儿所接我回家。待她年底回家时,我都不认她这个妈妈,不要她抱,惹得她伤心落泪。

妈妈怀我的大弟弟时,仍在西北出差(她自己不说,领导也不知道)。为了防止流产,她在野外坐车时,把双手放在硬板座位上,然后坐在自己的手上,以减缓颠簸。1954年4月,妈妈生下我的大弟弟,取名朱小平。

1959年8月,我的小弟弟出生时,名字早就在等他。没有任何悬念,叫"小和"。至此,完成了我们家的"和平鸽"序列。

那时候虽然生活条件较差,但我们全家还是很快乐的。"头戴铝盔走天涯"是我们家的真实写照。

◎ 1964年,"和平鸽松"(左为朱小和,右为朱小平,中为朱小鸽,朱小松被抱着)的合影

那时,每当妈妈打点行装要出门时,我就问:什么时候回来?她回答:"少则一两个星期,多则一两个月。"结果是一去就去了一两年。

自从参加大庆会战后,爸爸妈妈几乎没有时间再像以前那样带我们出去玩了,他们顾不上家,全身心地投入蓬勃发展的石油事业中。

1963年11月,妹妹出生了,

她的名字颇费斟酌，最终为了纪念大庆会战，爸爸妈妈给她起名朱小松，纪念在松辽平原上开展的那一场石油大会战。

小时候，我们经常拿妹妹的名字开玩笑。我曾经一本正经地对妹妹说：你不是妈妈爸爸亲生的，我们三个孩子的名字合起来是"和平鸽"，而你的名字"松"与我们没有任何关系，所以你是我们家捡来的。妹妹一听就吓哭了。她哭着去问妈妈，自己是不是捡来的。我见真把妹妹吓坏了，就赶紧解释，还突出了她作为"松"的作用，从此她心理平衡了。等妹妹长大一些后，知道我们是在逗她。妈妈有时童心未泯，也会跟她这个最宠爱的小女儿开玩笑说：你是多余的，本来应该没有你的。每当这时，妹妹就会生气。看着她气呼呼的样子，妈妈和我们一块笑起来，妹妹因此耿耿于怀。在妹妹长大上学后的一天，她终于想出了一句话："和平鸽落在松树上。"她用这句话把我们家四个孩子的名字联系起来了。

像父母那样去奋斗

爸爸朱康福响应新中国的召唤，毅然决然中断在美国的博士学位学习，冲破重重阻力和母亲一起回到祖国，投身于神圣的石油事业。

那是1950年8月底的一天，美国西部海岸旧金山市的港口上，美国总统轮船公司的"威尔逊总统"号客轮启程前往香港。这是它的第17次航程，船上有128名中国留学生、教授等，他们冲破美国政府的重重障碍，最终被作为"无国籍难民""递送出境"。

在这一船回国的人员中，有邓稼先、赵忠尧、涂光炽、叶笃正、池际尚、庄逢甘、傅鹰、鲍文奎、沈善炯、余国琮、彭司勋、周镜12人，后来成为中国科学院或工程院院士。更多的人成为教授、总工程师等各个学科、领域的高级科技人员。

在横跨太平洋20多天的漫长航行中，妈妈发现自己已经怀孕了，这个孩子就是我。

据爸爸回忆，我是1951年出生，当时是在石油管理总局出生的第一个孩子，因为工会按照规定，职工生孩子要给予补助，发五万元（相当于后来的五元）、红布五尺、红糖及鸡蛋各一斤。在石油管理总局领到这种补助的，妈妈是第一个。那时爸爸正是分发这项补贴的工会小组长，所以记得特别清楚。那五万元是一张支票，父母并没有领取，爸爸曾经长期放在办公桌一块小玻璃板底下，最后不知去向了。

1968年底，我从北京101中学毕业后到山西绛县插队。1972年底，从山西农村来到位于河北省徐水的燃料化学工业部地球物理勘探局（简称物探局），被分配到当时第一指

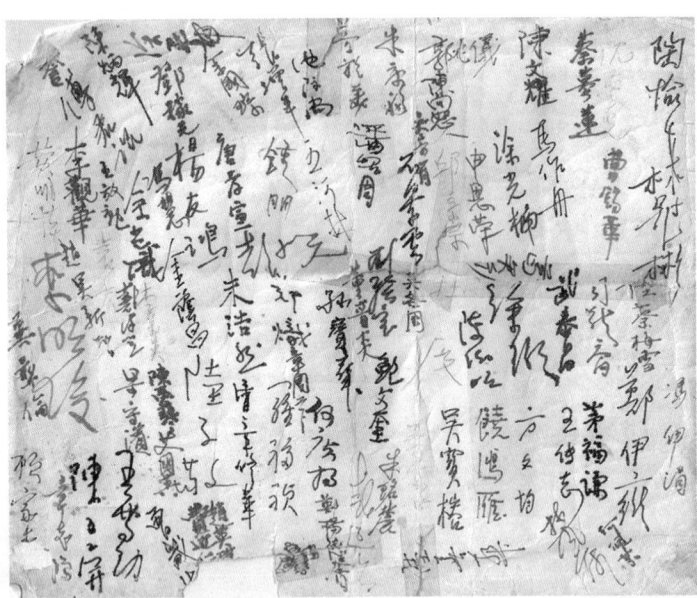

◎ 1950年8月,"威尔逊总统号"上部分中国留学生、教授等归国人员合影签名

◎ 1950年8月31日,中国留学生、教授等归国人员在"威尔逊总统"号客轮上的合影(第二排右二:朱康福,第三排右二:吴崇筠,后排右二:邓稼先)

挥部下属的 2256 地震队，成为一名石油工人，一名石油勘探队员。

由于我工作认真，获得了很多荣誉。1973 年，参加了共青团燃料化学工业部物探局第一指挥部首届代表大会；1974 年，参加了燃料化学工业部物探局第一指挥部首届先进生产者、工作者代表大会。

1975 年夏天，物探局成立 2254 第一支女子地震队后，我调到了女子队解释组，一年后当上了解释组组长。

1978 年夏，我参加高考并如愿以偿，于 1978 年秋季离开女子地震队，到长春地质学院勘探仪器系上学，毕业后分配到北京石油勘探开发研究院遥感所工作，直到退休。

和爸爸妈妈一样，我也为中国石油工业奉献了一生。

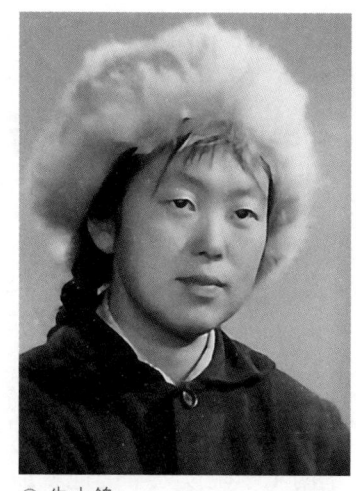

◎ 朱小鸽

两个家庭的故事（之一）

艾尔肯·阿布力米提

杨理衡是新中国培养的第一批大学生，在大学学的是民用建筑结构专业。"到最艰苦的地方去、到祖国最需要的地方去"是他当时的心愿。1956年8月25日，还在广州华南工学院读大学的他就加入了中国共产党。因国家石油工业的需要，22岁的杨理衡响应组织号召和安排，毅然踏上了奔赴新疆石油管理局的列车。坐火车、倒汽车、乘马车一路向西行进，历经28天，终于到达了新疆石油管理局，并被分配到新疆当时的中苏石油公司设计处工作。报到时，石油人的热情和周到的服务温暖了杨理衡的心，一路的担心被家人一样的爱驱赶得荡然无存。

到克拉玛依经常看到的场景是："天上无飞鸟，地上无虫草，茫茫戈壁，风吹石子跑。"大风一来眼睛睁不开，沙石扑面到来，打得脸痛鼻青。冬天在野外站几分钟脸就冻得麻木，不会说话。

他参加工作领到第一个月的99元工资时，心想大学时2元生活费，现在是99元，太多了吧！当场拿出10元去交党费，10元在当时可不是个小数。收党费的同志说5毛钱就够，杨理衡一脸认真地说："您就收下吧，是中国共产党让我这个放牛娃成为新中国的第一批大学生，没有共产党就没有我的今天。我自愿交10元。"

他在石油系统工作38年，先后转战新疆油田、大港油田、辽河油田、大庆油田、华北油田。退休后担任油田关心下一代工作委员会副主任，多次被评为局机关优秀党员、优秀离退休干部。"我为祖国献石油"早已成为杨理衡的精神支柱，石油已融入血液。在新疆工作的10年中，跟各族职工相濡以沫，同甘共苦。

退休后，起笔把参加各大油田石油会战的工作经历和心得体会写成400多篇文章，传播石油精神。其中，《江草江花处处鲜》和《两代民族情》，在北京市委宣传部读书活动、中国石油天然气总公司"铁人杯"征稿活动中分获二等奖。《两代民族情》被《新疆日报》宣传。获评《中国石油报》三连冠"金秋版"优秀通讯员，河北省"教育下一代先进个人"，2016年"全国老有所为先进人物"等荣誉称号。他常常说："我经历过战争

◎ 杨理衡（左一）和同志们的合影

年代，对幸福生活的来之不易有切身体会，我前进的每一步，都是党教育的成果，真的是天大地大，不如党的恩情大，愿将此身常保国，望将余热发新光。"

2016年4月19日，在党的95岁生日来临之际，80多岁的杨理衡从自己的积蓄里拿出5万元，交纳了特殊党费，收到了中共中央组织部的感谢信。

他从学徒做起，不怕吃苦、刻苦钻研，共攻破100多个基建设计规划难关，改进工艺30多项，尤其在硫化氢风险地区和高寒地区基建施工方面造诣精深。杨理衡十分注重技术传承。他主持的四大油田基建项目都获得中国石油专家及领导的认可。杨理衡在石油企业工作38年，工作兢兢业业，生活勤俭朴素，为人忠厚善良。他是老一辈石油人的真实写照，是大家敬重的老人。

一个人做一件好事并不难，但一直坚持做好事就难能可贵。杨理衡为新疆的维吾尔族老乡做的好事实事不胜枚举，他把维吾尔族老百姓当作自己的亲人，带领他们在改进思维、致富的道路上奋力前行。

杨老常常说道："新疆这名字深深地印在我的脑海，在新疆长达十年的工作中，我与新疆结下了深深的情谊，我已然认为我是一个新疆人。我在新疆工作的顺利开展离不开维吾尔族朋友们的无私帮助，新疆有很多维吾尔族朋友，新疆！新疆！——我永远的第二故乡。"

杨理衡同志时刻提醒年轻人要学会管住自己，抓住今天！杨老身上有着胡杨精神传承——关于胡杨有一个神奇的传说：生而不死一千年，死而不倒一千年，倒而不朽一千年，胡杨顽强地抗击着贫瘠恶劣的环境，坚强而执着地延续着生命，生生不息。杨老在艰苦环境中千锤百炼锻造出的胡杨精神，生生不息、薪火相传。

定居在河北省任丘市的杨理衡，仍然不忘联系远在乌鲁木齐市的原单位同事瓦力斯江·吐尔地的家属。瓦力斯江生前曾任新疆石油管理局副局长。退休后曾任南疆泽普石化建工指挥部总指挥。1995年12月，因突发疾病在泽普石油基地因公逝世，享年72岁。27年来，杨理衡一直关心瓦力斯江家属的工作和生活，每年古尔邦节寄去书信，关心瓦力斯江孩子学习、工作和生活等，并在《中国石油报》《河北日报》《新疆日报》《克拉玛依日报》等报刊上发表了关于瓦力斯江的事迹，赞扬瓦力斯江为新疆石油工业作出的贡献！杨老自豪地说："瓦力斯江的儿子卡哈尔，也是我的儿子，我们是一辈子的亲人！"杨老常常教导卡哈尔要像父亲瓦力斯江一样为油田的建设无私奉献！

瓦力斯江夫人帕力旦讲述道："杨老60多年如一日的一直与我们保持联系，他浑身散发着珍爱民族团结的优秀品质，让每一位亲戚深受感染、备受鼓舞。"

◎ 20世纪50年代，瓦力斯江·吐尔地和"中国保尔"吴运铎在北京合影

◎ 2014年，瓦力斯江·吐尔地的儿子卡哈尔·瓦力斯江（右一）和妻子（左一）从新疆到华北油田看望杨理衡（左二）

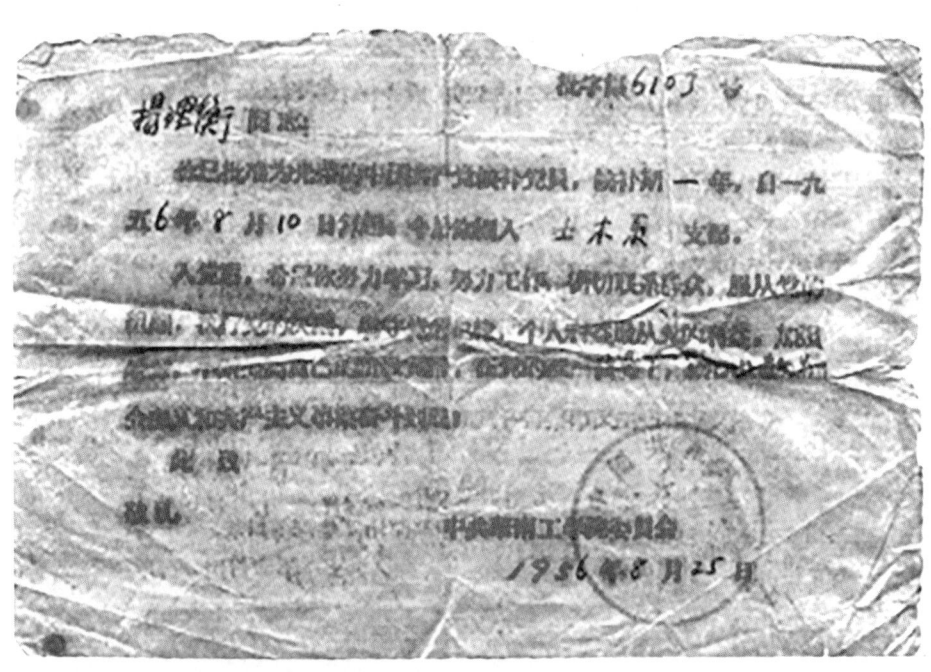

◎ 1956年8月25日，杨理衡被批准为中国共产党候补党员

杨理衡与我做师徒多年,经常给我来信问候,同时了解瓦力斯江家属生活,并送给我3本珍贵的书籍。我每年看中央电视台"感动中国人物"节目时,总会想起杨老27年来一直关心新疆地区少数民族的工作和生活,通过自己和媒体向内地群众讲述新疆的风土人情,宣传新疆的民族团结工作。而作为一名新疆的少数民族,我急切希望杨理衡同志能被评为"感动新疆人物"或"感动中国人物"候选人!杨理衡同志工作上兢兢业业的工作态度;勤俭朴素,为人忠厚善良的生活态度;对党忠诚,爱祖国,爱人民,对人一视同仁,和蔼可亲,像爱护自己的眼睛一样爱护民族团结的民族情意深深地烙印在了我和妻子及女儿的心里、深深地扎根在了

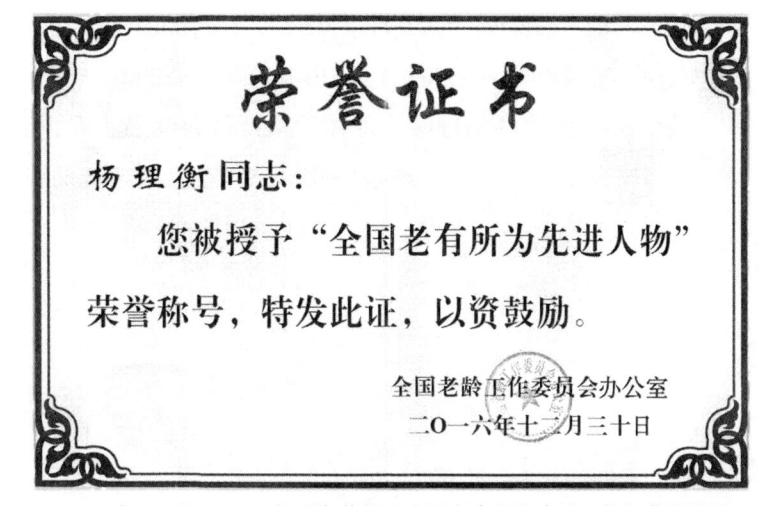

◎ 2016年12月30日,杨理衡获得"全国老有所为先进人物"荣誉称号

◎ 2016年5月6日,杨理衡自愿多交5万元党费,获中共中央组织部颁发的收据

南北疆少数民族同胞和无数石油职工的心底深处,更是感动了两千多万的新疆各族群众。

在杨理衡身上,我看到了一个爱党、爱国、爱社会、爱油田、爱生活的典范,体会到了什么是石油精神,看到了一个能干的领导、体贴的丈夫、可敬的父亲、可爱的爷爷形象,感受到了他高尚的思想境界和道德情操,感受到了他身上体现出的"说老实

话 办老实事 做老实人"的石油精神，感受到了他严于律己、宽以待人、助人为乐的处世原则，感受到了他心胸豁达、积极乐观的心态。

如今，90多岁的杨理衡，退休后坚持每天读书、看报、写文章，不辞辛苦地奋战在民族团结研究工作第一线，谱写民族团结之花盛开的瑰丽篇章。

两个家庭的故事（之二）

杨昌英

因工作的关系，和杨理衡结识，我喜欢叫他杨老师。杨老师喜欢写文章，经常让我帮忙录入文章，每一次找我帮忙，他都喜欢跟我唠几句，时间长了，我们也就成了忘年交。有一次，得知杨老师跟女排冠军郎平家还有私交，我心想：一个是女排冠军教练，一个是石油干部，他们怎么会有交集呢？在同杨老师及爱人的几次交流中，我找到了答案。

20世纪60年代初，杨老师在新疆工作，跟随新疆石油管理局原副局长瓦力斯江等人到石油部汇报工作，石油部领导康世恩听完汇报后，就交代办公厅李洪甲主任，说："老瓦来北京，我们招待所条件不好，安排他们几位到北京王府井和平宾馆。"当时，和平宾馆客房负责人是陈钢同志（也就是郎平的母亲）。杨老师一行就在宾馆住了两天。期

© 2010年，杨理衡与郎平于郎平家合影

◎ 杨理衡与父亲的合影

间,陈钢发现瓦力斯江同志身高2米2,其他两位少数民族同志也在两米左右,他们晚上睡觉脚下要放一把凳子,再加上一床毛毯。第三天,杨老师他们开完会回来,发现2个房间床铺加长到两米五,被子也加长了一大截,少数民族同志很高兴,离开北京时,瓦力斯江局长叫杨老师在结账时将加床加被的费用算上。陈钢说,"少数民族兄弟来宾馆,领导都很欢迎,这些是我们应该做的,希望下次你们再来。"从此,和平宾馆就成了杨老师跟随瓦局长到北京出差的定点单位。这一来一往,就延续三四十年。杨老师和陈钢由客户关系也变成了老朋友。在杨老师和陈钢刚刚认识的时候,郎平也只有十二三岁。在与陈钢交谈的过程中,杨老师了解到陈钢是江苏人,新中国成立前参加解放军,1960年离休干部转业到旅游局,郎平父亲是天津人,在北京市公安局工作,负责天安门一带警卫工作。可以说郎平出生在军人家庭,有解放军的基因。陈钢喜欢旅游、爱好绘画、书法、摄影,绘画较为出色,尤其是仕女图,可以进入北京琉璃厂荣保斋市场。陈钢说,郎平出国,常常带着她的诗画送友人。郎平家也可以说是书香之家。郎平成才应该和家教很有关系。郎平的父亲名叫郎建华,毕生服务于公安工作。郎平小时候,他常带郎平到什刹海附近的游泳馆游泳,馆内成立了一个北京少年业余排球队,郎平参加了几次,就喜欢上了这项运动。教练看她的身材好,又有些天赋,就吸收她为正式队员,以后,慢慢一步步地成长,从少儿队到北京队,经过省市级的多场比赛,后又进入了国家队。她打排球并不是家长期望,纯属偶然。郎平母亲说,郎平在体校训练班时,封闭强化训练非常刻苦,每天晨跑3000米,接着就是摸爬滚打10多个小时，可以说到了"残酷"的境界。她去观看了一次，见到女儿训练的情景，很心痛，想跟女儿说，吃不消就不要参加训练了。没想到女儿对体育事业的热爱到了痴迷的程度。郎平凭借强健的身体，娴熟的技术，尤其在五连冠比赛那最后扣球一锤定音，成为世界冠军。人们称她为"铁榔头"，陈钢也自然成为排坛英雄的母亲。1992年秋天，杨老师到北京出差，华北油田机关车队司机刘师傅女儿要结婚，托杨老师买两瓶茅台。他想到和平宾馆工作的陈钢同志，就到宾馆找陈钢。见到她后，她说，"宾馆东西较贵，花这个冤枉钱干什么。"司机说，"在外买不到，冤枉就冤枉吧。"陈钢说，"这样吧，郎平刚从成都比赛回家，人家送了她两瓶，她爸爸高血压，不喝酒，我们家没有人喝酒，到家拿去吧。"杨老师也正想到她家看看，便答应了。陈钢坐上车，把杨老师一行带到工人体育场附近楼房两室一厅的家中。杨老师在客厅坐下，陈钢就从橱柜里拿出两瓶茅台交给司机，司机给她钱，她硬是不收。

　　杨老师刚坐下时看到墙上挂了一张郎平扣球夺冠的大照片，说照得真好。司机建议杨老师站在旁边照张相。郎平母亲说坐在沙发上照吧。现在这照片快30年了，很有纪念意义。以后杨老师到北京，一有机会就会到她家看看，成为常客。记得有一次到她家，见到二十多岁的郎平，她很腼腆，不怎么说话，叫声叔叔就走开了。有一次，郎平从香港回来，给杨老师带了五盒录音磁

◎ 1992年，杨理衡与郎平母亲的合影

◎ 2010年5月，杨理衡夫妻与郎平母亲的合影

带。那时，国内市场还很紧俏，还有一次，她从日本带回两个三羊牌多功能剃须刀，一个给她父亲，一个送给杨老师。自从1992年杨老师和老伴退休后，每年的"五一"或"十一"，女儿总要把老两口从任丘华北油田接到北京住上十天半个月。郎平母亲知道杨老师到北京，也常由她女儿郎红开车或坐公交车来看杨老师。陈钢只有两个女儿。她年纪和杨老师一般大，也退休了。2003年，她得知杨老师老伴有病，还专门开车到油田来看望，杨老师十分感动。2010年5月，杨老师到北京，住在马家堡16号院，郎平母亲来电话邀请他去家里做客。恰逢郎平从美国回来在家。三十多年后再相遇，那时杨老师年近八旬，郎平也已近半百，杨老师第一句话对她说："郎平你还是一样健壮、年轻。"她笑着说："我也快进老年行列了。"郎平和杨老师谈及两年前她母亲到油田看望杨老师，得到油田领导的关照，并参观了油田功勋井和白洋淀景区。后又谈及工作，谈及家庭，和她三十年前孩提时拘束的谈话大不一样。她母亲看俩人聊得很畅快，拿起傻瓜相机，给他们在餐桌边照了一张合影。

临走时，在楼前游泳池旁，郎平用手机为杨老师和她母亲合影留念。杨老师乘车回家的路上，感到这次真没有白来，尤其是见到郎平谈得很是高兴。又过了些时间，2014年4月28日下午，郎平母亲给杨老师来电话，告诉他晚上中国女排要和韩国队在天津体育馆举行冠军赛。她今年82岁了，为了安全，就在家看电视，大女儿郎红在现场看比赛。直播开始，杨老师也专注比赛现场。一开局，中韩决赛就热火朝天。韩国主力攻势很猛，中国年轻队员开始拘谨，以0∶4落后。杨老师一下茫然，正发怵时，郎平赶忙叫暂停，走到队员前说了几句话，平复了一下队员心态。接着，虽然韩国发球有雷霆万钧之势，而我们中国女排有3个1.9米高的队员优良组合拦网，成功压住了对手。连续三场都是以25∶21取胜，打得很艰苦、紧张、顽强，场面非常出彩。结束时，全场观众自发起来唱"五星红旗迎风飘扬……"杨老师在电视屏幕前看到那场景，民族自豪感油然而生。女排一路走来，在2016年里约奥运夺冠会上，打第一场就2∶3败了，真是九死一生，而郎平却带队"打一分，算一分"，一分一分咬下来，这就是日复一日的强化训练，一点一滴的艰辛付出。整个赛程中可以看出，没有一场胜利可以唾手可得，没有一个冠军无须风雨洗礼。虽然一路艰辛，希望渺茫，也要竭尽全力，跌倒了，站起来抖抖身上尘土，依旧眼中坚定，永不言败。

有一年中秋节上午，收到郎平母亲从北京打来的节日问候电话（女排夺冠后，媒体问郎平下期北京冬运会她还接着干不干，她回答还没有考虑好）。这次杨老师顺便在电话中问她母亲，陈钢说：女儿骨关节多次动过手术，身体不好，不再干了。杨老师想起三年前到东城郊区郎平新家见到阔别30年的郎平，虽然身体还壮实，送我出大门时，走路就有些一拐一拐，也就顺便说一下，见好就收。那次杨老师见郎平，她母亲就拿上相机给我俩拍了一张照片，在《中国石油报》《华北石油报》先后发表。有同志见到杨老师，还有疑问地说："你和名人合照，是不是作秀的呀？你们是亲戚吗？"杨老师笑笑说："非亲非故，是社会制度民族大团结的结果。"

　　了解完杨老师和郎平一家的情缘后，我感觉他们几十年的友谊和情缘，不仅是民族大团结的结果，更是人与人真诚交流、彼此交心的结果。他们的故事给我一些启发，也激励着我去用心认真对待这个世界，对待身边的每一个人，甚至是陌生人。人的一生很短暂，但能有一两位相处几十年的老朋友能经常见面、探讨人生，真的是一件很美好的事情。愿他们这份情谊地久天长。

珍贵的记忆

尹相庆　唐春梅

◎ 吉玛杜金诺夫教授

翻开旧日的照片，看着导师和师母慈祥的笑容，忍不住思绪万千。老照片，见证了岁月沧桑，也见证了人世间最美好的真情，让人难忘。回忆起来，心里还是那么温暖，那么柔软。岁月如流水，但真情永远，善良永远。

一、异国情缘
——尹相庆与导师一家的友谊

我生在大庆油田，长在江汉油田，1982年考入江汉石油学院（现长江大学），学习采油工程，1986年考入西南石油学院读研究生。随着中国改革开放的深入，中苏关系得到缓和，1988我被国家教委公派到苏联留学，学油田开发，这样有缘认识了我的导师——莫斯科古勃金石油学院（现名俄罗斯国立古勃金石油天然气大学）的知名教授沙米里·卡沙法维奇·吉玛杜金诺夫，成为吉玛杜金诺夫教授关门弟子。

俄罗斯国立古勃金石油天然气大学是俄罗斯最大的石油天然气专业大学，创建于1930年，是俄罗斯石油和天然气行业最好的人才培养基地。在科学研究方面，该大学是俄罗斯首屈一指的大学之一。

吉玛杜金诺夫教授（我们也尊称他吉玛教授）出生于1921年5月30日，是技术科学博士，是苏联有名的油层物理学家，也是杰出的教育家，有80多部科学著作，是"苏联勋章"获得者。曾先后在加拿大、埃及、东德、匈牙利、叙利亚交流访问，做了大量国际主义工作。吉玛杜金诺夫教授是中国人民的老朋友，对中国人非常友好。作为苏联援华专家，1954—1956年被派往中国工作，为中国培养了许多杰出的石油科学家，他在北京石油学院带过的研究生有葛家理、郭尚平、韩大匡、张朝琛、刘蔚宁、闫庆来等，

◎ 俄罗斯国立古勃金石油天然气大学

都是中国石油界的权威专家。在北京石油学院，吉玛杜金诺夫教授编写了《油层物理》教材，给教师和学生们进行讲授；并帮助北京石油学院建立了油层物理实验室。在中国有6所石油高校都使用过他编写的教科书。由于他卓越的专业水平、高度负责的工作态度、求实严谨的工作作风、博爱宽广的国际主义胸怀，在中国工作期间得到了中国国家领导人和北京石油学院领导的高度评价，中国的报纸专门对他进行了报道，1956年吉玛杜金诺夫教授被授予中华人民共和国勋章。在1956年6月20日北京石油学院校长阎子元给莫斯科古勃金石油学院校长日加奇的信里写道："吉玛杜金诺夫同志在我们学院工作了两年半，现在要返回苏联，在这短暂的时间里，他为我院石油系和采油教研室的建立与发展作出了巨大贡献，由于他的大无畏的牺牲精神和无私的帮助，我们学院的采油教研室已经建立了教学基地，已经有了进行科学研究工作的基础，这是吉玛杜金诺夫同志两年半忘我劳动的结果，在此我们欢送吉玛杜金诺夫同志，请向莫斯科古勃金石油学院的老师和同学们表示真诚的感谢！我们相信，莫斯科古勃金石油学院和北京石油学院两

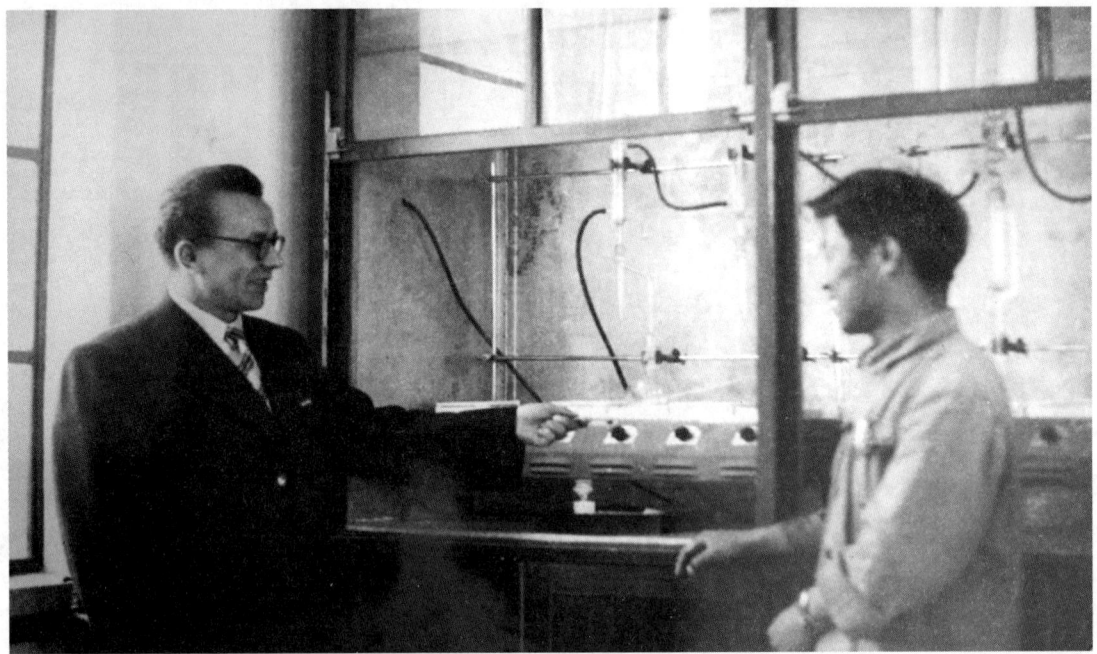

◎ 1954—1956年，吉玛杜金诺夫教授（左）在北京石油学院给洪世铎指导实验

◎ 1954—1956年，吉玛杜金诺夫教授（左）在北京石油学院实验室指导学生实验

◎ 吉玛杜金诺夫教授（左三）和同学们在公园合影

◎ 吉玛杜金诺夫教授（右）和学生合影

◎ 韩大匡赠送给导师的照片

个兄弟学院的友谊会通过吉玛杜金诺夫同志得到进一步发展。"

　　与导师第一次见面的情景我至今难忘。我在北京语言学院出国人员培训部学习了一年俄语后，于1988年12月被派往苏联阿塞拜疆石油化学学院学习。因当时阿塞拜疆与亚美尼亚民族冲突，局势比较紧张，1990年9月我从巴库转校到莫斯科，到莫斯科古勃金石油学院学习油田开发，攻读博士学位，当时面试我的就是吉玛杜金诺夫教授。面试后教授请我到学校食堂吃午饭，我当时诚惶诚恐，心里忐忑不安，他是大名鼎鼎的教授，而我只是一个初来乍到啥都不太明白的学生，吃饭时我心里很紧张，快速吃完饭，然后静静地看着教授。没想到导师特别和蔼，微笑着告诉我，非常乐意做我的导师。后来和导师熟悉了，他才告诉我，看我吃饭的速度，工作学习起来效率应该不错。我也没有想到这次面试后，从此开始了我与导师一家长达20多年的友谊。

◎ 1992 年，在莫斯科导师家里

我在莫斯科留学期间，得到了导师无微不至的关怀。我的博士论文研究方向是"非均质油层油水相对渗透率研究"，导师毫无保留地把知识传授给我，认真指导我如何在实验室建立非均质油藏模型，模拟水驱油过程，对实验数据分析归纳，总结出非均质油藏原油生产规律，以提高采收率。在莫斯科留学的那段日子里，我经常是宿舍—实验室两点一线，在实验室埋头工作，重复着建立模型、在不同速度下模拟油驱水、水驱油的过程，通过对大量实验数据的分析，找出非均质油藏油水相对渗透率的变化规律，这项研究对提高油田采收率有一定的指导作用。导师对科学研究的态度非常严谨，我从导师那里不仅学到了油田开发的理论知识、积累了丰富的科研经验、树立了报效祖国的人生目标，同时他那勤劳、谦虚、友善、乐观的品格也深深地打动了我，影响了我的一生。

导师一家就住在莫斯科古勃金石油学院附近，步行 5 分钟就到。他们一家非常好客，对中国学生非常友好，经常邀请我去他们家做客，还经常邀请我去他们郊外的别墅休息。师母叫叶夫根尼娅·纳乌莫夫娜·吉玛杜金诺娃，是位非常美丽善良的老人，她和导师是在 1946 年 6 月 1 日在斯塔夫洛波尔石油托拉斯佐里油田认识的，当时导师在油田担任高级地质师，师母是莫斯科第二医学院来实习的学生，他们相识相爱并于

1948年结婚。1949年,他们来到莫斯科居住,导师在莫斯科古勃金石油学院读研究生后留校工作,师母在莫斯科第六医院工作。第二次世界大战后苏联的医疗条件艰苦,师母因病得不到及时治疗,不得不摘除一侧肾脏,因为师母身体不好,他们一直没有要孩子。年纪大后,他们领养了师母哥哥的女儿娜塔莎作为养女。娜塔莎是个小学音乐教师,出嫁后移居圣彼得堡,已退休,很少来莫斯科。还记得师母做得一手好菜,鸡汤、肉饼、糕点都很拿手。导师知道我一人在外学习生活不容易,夫妇俩待我像亲人一样,经常邀请我到他家里开小灶,给我补充营养,让在异国他乡的我深深地感受到家的温暖,给了我留学生涯无数美好的回忆。

1992年10月导师受邀再次来华访问和讲学,我给他当专业翻译;还陪他去了石油大学(华东),导师被石油大学(华东)聘为名誉教授。这次访问教授见到了葛家理、张朝琛、刘蔚宁、王雪等导师当年的学生,很多学生现在已经是中国石油界德高望重的老专家。他们非常热情地接待了导师,我深深体会到导师当年的学生对他的情意和导师对中国及中国学生的深厚感情。

◎ 1992年10月,石油大学(东营)授予吉玛杜金诺夫(右三)名誉教授颁发仪式

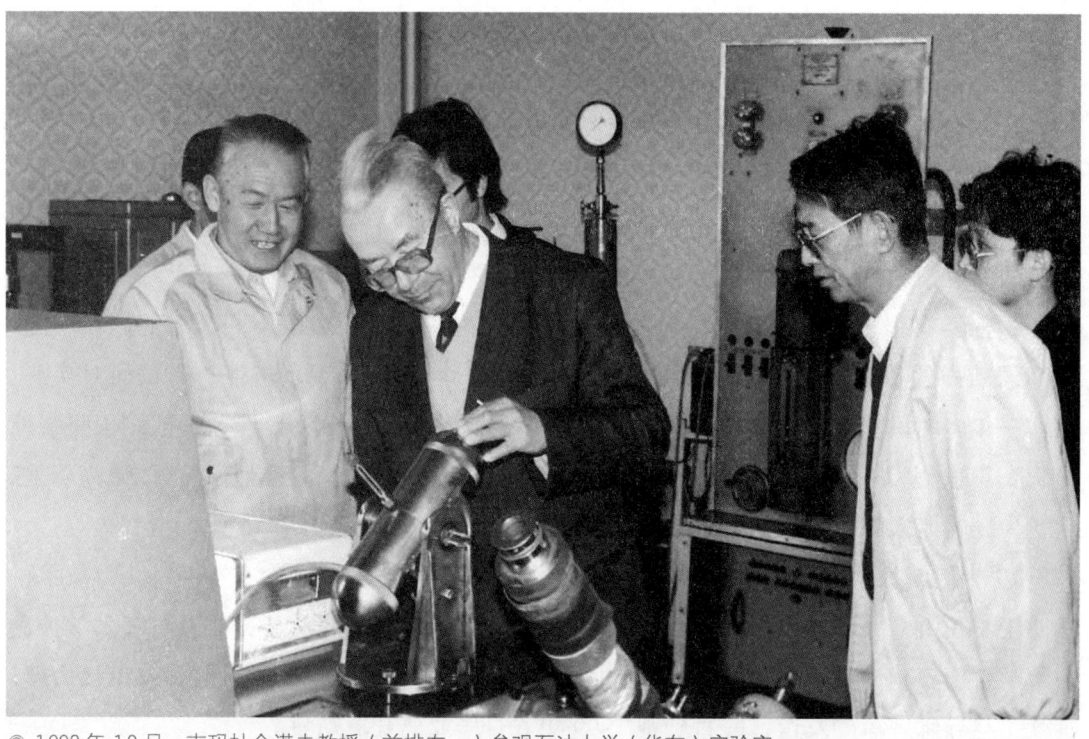

◎ 1992年10月，吉玛杜金诺夫教授（前排左一）参观石油大学（华东）实验室

◎ 1992年10月，吉玛杜金诺夫教授（左四）与分别36年的葛家理等学生会面

1993年初，在莫斯科导师不幸被查出患有骨髓瘤，不得不住院治疗。导师住院后，我每周到医院给导师送两次饭，并请教自己在论文研究中遇到的问题。一般我都是先到导师家，把师母给导师做的可口饭菜带上，先乘地铁再换电车，需花一个半小时到医院。每次导师吃完饭后，不顾身体劳累，认真指导我对实验数据进行处理，对论文进行完善。在一年多的时间里我就这样奔波往返于宿舍、实验室、导师家、医院之间。在医院与导师相处的这段时间，我更加体会到导师强大的精神力量、乐观的生活态度、慈悲宽大的心怀。曾经有很多病友先后与导师住同一病房，这些病友年龄段不同，与他们在一起，导师像慈祥的爷爷、父亲一样。导师鼓励新来的病友，要乐观、坚强、勇敢面对疾病。在这一年多时间里，我和导师看着身边不知多少病友离开了人世，但导师依然很坚强地与病魔斗争。后来有几位已经病故的病友的家人还经常来医院看望导师，这位德高望重、慈悲为怀的老人深得大家的爱戴。

　　1994年3月，在导师的帮助指导下，我终于顺利通过了博士论文答辩，获得技术科学博士学位并于4月毕业回国。回国前，我委托俄罗斯国立古勃金石油天然气大学善良的留学生唐春梅，有机会去看看导师，照顾他们，唐春梅非常出色地接过了友谊接力棒，延续了与导师一家的友谊，一直到她1999年6月毕业离开莫斯科。

　　1995年2月9日，导师不幸逝世，享年74岁。我当时在国内，没有来得及去见老人最后一面。这位伟大慈祥的老人永远离开了我们。

　　1999年4月，我被调到中国联合石油公司，从事进口俄罗斯原油工作，同年6月被派到莫斯科常驻，终于见到数年没见的师母，能照顾她老人家了。师母见到我非常高兴，感觉莫斯科又有亲人了。这一年师母已经75岁了，导师的去世给她精神上非常大的打击。在莫斯科工作的10年里（1999—2009年），只要在莫斯科，我每周都会去看望师母，带上水果和食品。我和同事们经常陪师母到别墅旁边原始森林里采各种各样的蘑菇，在别墅院子里烤肉，品尝别墅里美味的苹果、李子、海棠果，导师的别墅给在异国他乡的我们带来了很多快乐。爱人孩子来莫斯科探亲，我一定带他们去拜访师母。后来师母把别墅的钥匙给了我，让我和同事们可以随时、方便地去别墅休息聚会。我也经常带代表团的朋友去导师的别墅看看，体会一下真正俄罗斯人的生活。导师的别墅也见证了中俄两国民间的友谊，有不少石油界老领导老专家（张永一、张一伟、史训知等）到访过吉玛教授的别墅。

　　5月30日是导师的生日，在莫斯科那段时间，每年这天我都会陪师母去莫斯科沃斯特里亚科夫墓地为导师扫墓。渐渐地，师母的年纪越来越大，身体也越来越差。每次去墓地扫墓的时候，师母都不断嘱咐，等她走后，和导师葬在一起。在莫斯科师母没有别的亲人了，她数次提出要把莫斯科的房子和别墅送给我，我都拒绝了，我告诉老人，我就是他们的孩子，照顾她是应该的，绝不图他们的房子和别墅。后来养女娜塔莎继承了师母的财产。

2009年2月由于工作变动，我被调到哈萨克斯坦阿克纠宾项目工作，不得不离开认识了近20年慈祥的师母。我离开莫斯科后，委托还在莫斯科中联油公司工作的同事白佳继续照顾我的师母。俄罗斯国立古勃金石油天然气大学油田开发教研室的老师们深有感触，不止一次地说："你们中国人真讲感情！"

2012年师母不幸去世，享年88岁。这次，我远在哈萨克斯坦阿克纠宾，没有来得及去见老人一面。

大爱无疆，世界才因此而更加美好，更加美丽而温暖。两位慈祥老人给予一位异国他乡年轻人最无私的关爱，让他铭记一生！感激一生！感恩两位善良的老人，感恩生命中给我们温暖和帮助的亲人和朋友们！

◎ 2007年12月30日，在师母家

二、"友谊接力棒"
——唐春梅与吉玛教授一家的友谊

王涛老部长在20世纪80年代初敏锐地看到油气行业国际合作的广阔前景,在90年代力主选拔派遣年青学子出国学习,我和其余7位优秀学生在本科毕业时即被选中,被派往俄罗斯接受研究生教育,是中国石油历史上第一批由公司出资外派留学的学生。

我是一个非常幸运的人,总是赶上好机会,总能遇到对的人。走过半生,要感谢的人很多,感恩的事很多,与吉玛杜金诺夫教授夫妇相识、相知应该是我人生中最值得庆幸、最值得感恩的。每每回想起,心就暖暖的。

我与吉玛杜金诺夫夫妇相识在1994年2月底3月初。本科毕业一年半刚刚结束在国内为期一年的俄语培训,作为中国石油天然气总公司8名公派留学生之一来到莫斯科古勃金石油天然气学院学习。刚到莫斯科不久,学长尹相庆就带我去了他导师吉玛杜金诺夫教授家。教授的夫人叶夫根尼娅·纳乌莫夫娜·吉玛杜金诺娃当年也随任中国,在苏联使馆担任馆内医生。老两口对中国、对中国人有着深厚的感情,在之后的交往中,我常常能感到那份深植心中的绵长情谊。

第一次见到吉玛夫妇,一点儿没有感觉拘束和尴尬,似乎也没有语言障碍,不是因为我的俄语有多好,而是因为两位老人和蔼可亲、幽默又聪明智慧,让刚刚迈出国门没有见过什么世面的我瞬间找到了亲人的感觉。当时谈的什么具体内容已回忆不起来了,应该是学长带我去咨询专业方向并请吉玛教授推荐合适的导师。当时吉玛教授已经病了许久,不能再带研究生了。他最终推荐我师从开发系气举专家维克托·亚历山大洛维奇·萨哈洛夫教授,一位仁厚的师长,严谨的科研工作者,我博士毕业的前一年萨哈罗夫教授获得了俄罗斯"自然科学院院士"称号。

我想吉玛教授年轻时肯定是学富五车外加高智商高情商的青年才俊,才能赢得美丽的吉玛夫人的芳心。吉玛教授个头中等,不是很典型的中亚人面孔,智慧善良却不算风流倜傥。而他的夫人高高的个子,浓眉大眼,虽已70开外,背有些驼了,仍能看出昔日的风姿绰约。老两口没有子女,相濡以沫半个多世纪,琴瑟相合非常相爱。慈祥的他们让我第一眼见到就不陌生,在莫斯科求学的5年多时间里,我和李高潮(七位男同学之一,从男朋友到娃儿他爸)几乎每周、最多隔周都要到吉玛教授家做客。现在想来,我能有今天这么舒心、幸福、美好的生活,我和高潮能最终走到一起修成正果,真心要感谢两位老人家。

记得李高潮刚刚追求我时，我还是个心高气傲期待英俊白马王子的浪漫文青，尽管会被这个小伙子的机智幽默偶尔吸引，但是心中觉得他离白马王子还有十万八千里的距离。刚到莫斯科，李高潮就开始找各种机会与我同行，而我却总是各种不高兴不满意。至今我还清清楚楚地记得，2月23日我们到的莫斯科，到4月时我已经是吉玛教授家的常客，几乎每周末都要到老人家中做客，陪他们聊天也帮老人从商店捎些生活用品。4月29日是周五，我在学校有哲学课，和老人家提前电话商量好课后我会带男朋友去他们家里一同迎接东正教最重要的节日——复活节，算是正式介绍李高潮给我的忘年交朋友吉玛两口子，因为这家伙已经黏在我左右有两个来月了。可是那天上课不知因为什么原因我又不高兴了，下课后甩开李高潮自己去了吉玛教授家（教授家就在学校外侧的小区里，走路十分钟就到）。教授夫人见到我一个人来的，就问原因，我正好把自己的犹豫、自己的迷茫向老人家和盘托出。彼时彼景今天仍历历在目。我和叶夫根尼娅坐在他们的小厨房里，一边涂着复活节彩蛋，一边倾吐自己的烦恼：李高潮这个人来自农村，太粗鲁，没礼貌……叶夫根尼娅虽然还没有见过李高潮，但是她却没有马上下结论。她给我讲起了她和吉玛教授的相识相知，让我知道看一个人不能只看外表只看表面的彬彬有礼和西装革履，关键看这个人是否真心对你好，真心对你的家人好。吉玛教授就是爱夫人胜过爱自己的人，对叶夫根尼娅的家人也是非常非常好。他们的感情是慢慢培养起来的，是生活中的各种酸甜苦辣考验出的历久弥坚的亲情和爱情，他们经历过卫国战争，经历过天各一方（吉玛教授年轻时或长期或短期到好几个国家讲学，叶夫根尼娅只在中国讲学期间陪同），他们没有孩子，是因为吉玛教授不想让叶夫根尼娅冒险，因为她年轻时摘除了一侧肾脏……听着老人的叙述，涂着红红的彩蛋，这时电话铃声响了，叶夫根尼娅接起电话告诉我说：是你的小伙子打过来的！我是多么的惊奇呀！李高潮怎么知道老人家的电话！只听叶夫根尼娅对着话筒那边说：一切都好！一会儿就放你的春梅回家。那天，当我从吉玛教授家出来，走在莫斯科初春的还铺满白雪的道路上，不经意间抬头，突然看到李高潮就站在我的面前，当时真的惊喜感动，他在陪我打电话时记住了电话号码，又从宿舍来到教授家附近迎接我，得多么有心和用心呀！随后的日子里就是我和李高潮一起来教授家，陪老人聊天，帮他们干些修修整整的家务活，夏天陪老人家到莫斯科郊区别墅过上个把星期，我们就像老人的孩子一样，越来越亲。在这些日常的交往中，李高潮的善良、淳朴和勤劳让老人们很喜欢，渐渐地我觉得他们老两口和李高潮更亲，都在有意无意帮这个小伙子说好话。没有两位智慧老人用自己人生阅历总结出来的真理

◎ 1993年，唐春梅（中）在老师家中合影

开导我、帮我拨开迷雾见真情，我也许就错过了最对的姻缘。

现在想来，都觉得不可思议，年龄相差近50岁的我们跨越了万里的距离相逢在莫斯科，没有感觉到语言的障碍，生活习俗的不同，很快就亲如一家人了。我想应该是半个世纪前的中国之行让吉玛夫妇深深地爱上了中国，爱屋及乌，对中国来的学生也亲切有加。而我们这些中国学生，对老人家也胜过亲人。能与吉玛夫妇相识，还要感谢尹相庆学长，正是他在俄罗斯求学5年多的时间里，像对待父母一样无微不至地关怀着自己的吉玛导师和夫人，在他即将毕业时又将这跨国友谊的接力棒传递给了我们。尹学长也是我要特别感谢的人，没有他的引荐，我们恐怕也没有机会结识这么智慧有趣的灵魂，没有机会深入到俄罗斯人普通的日常生活中，5年多的留学生涯就不会因为这段跨国友谊而丰富多彩了许多。

吉玛教授不仅学术上建树颇丰，桃李满天下，还是个非常热爱生活的人，他的车库、他的别墅就是他不遗余力挥洒汗水的地方。很难想象他是倾注了怎样的时间和精力，把城里那座简单板房车库生生改造成了带地下室的豪华工作室，别墅里的仓房、俄式桑拿房和藏满一大罐一大罐水果罐头、淹酸黄瓜西红柿的地窖（据叶夫根尼娅说吉玛教授挖的这个地窖是用钢筋混凝土加固的），还有院子里码得整整齐齐的像座小山的劈柴占用了他多少休息时间。吉玛夫人每次带着嗔怪又心疼的语气数落着她的沙米里，为了这些他热爱的事物，恨不得搭上了自己的命！的确，高强度的科研教学工作加上奋不顾身的经营自己的小家园，让吉玛教授过度透支了健康。我们刚到莫斯科时，吉玛教授已经卧病许久了，身体很虚弱。记得我们到莫斯科的那年他住了两次院，每次我都和高潮轮流替换吉玛夫人去医院陪护他，给他送饭送汤。即便身体这样虚弱，夏天他身体稍微有些好转就吵着去别墅了。深知老伴心思的叶夫根尼娅毫不犹豫，马上找人，联系车，克服了重重困难，勇敢地带着吉玛教授来到位于古宾卡军用机场附近距离莫斯科西南约60千米的别墅。就他们两位古稀老人，一位大病尚未痊愈，一位身体历来不是很好，腿脚也已不很利索。他们的别墅坐落在一片原始森林当中，环境静谧优美，但是几乎没有配套生活设施——食品店、蔬菜店，只有流动售货车一周一次，卖些面包、牛奶、鸡蛋等简单食品。腿脚不好的吉玛夫人也很少能攒够力气走到售货车那里。于是我和李高潮义不容辞地担当起了老人家的后勤保障兵。周末我会和李高潮背着面包、香肠、水果、蔬菜和生活必需品，倒地铁、坐电气小火车外加步行四五十分钟穿过一片原始森林，到别墅去看望老人们，因此也有幸切身体会俄罗斯的田园生活。

两位老人还会说一句中文：中华人民共和国万岁！1994年的"十一"，是两位老人一起在电话里给我们说的这句话，到1995年"十一"就只有叶夫根尼娅一个人给我们用中文祝贺祖国的生日了。1995年2月9日沙米里·卡沙法维奇·吉玛杜金诺夫不幸离开了他挚爱的妻子，离开了我们。之后的岁月里，我和高潮不止一次地听吉玛夫人让我们"休息五分钟"，每年的"十一"照例接受"中华人民共和国万岁"的祝福。1998年3月李高潮学成回国，1999年6月我毕业，虽有万般不舍，但终难再耽搁，只好恋恋不舍离开莫斯科，离开我牵挂的吉玛夫人。

2010年王涛老部长到莫斯科参加莫斯科古勃金石油学院80年校庆活动，听说了吉玛杜金诺夫教授一家与中国、与中国石油人跨越半个多世纪的情谊，非常感动。在百忙中抽出半天时间与同行的王志明、唐春梅专程看望了吉玛夫人。两位老人四目相望共同回首往事。毕业了那么多年，王涛部长还清楚地记着曾教过他的老师，难忘的留学生活。王涛是石油工业部最后一任部长和中国石油天然气总公司第一任总经理，他于20世纪

◎ 1994年，唐春梅（左一）与吉玛杜金诺夫教授及夫人合影

◎ 2010年，王涛老部长在莫斯科看望吉玛杜金诺夫教授夫人（中）

◎ 2010年，吉玛杜金诺夫教授夫人

◎ 吉玛杜金诺夫教授家

50 年代留学苏联，是莫斯科古勃金石油学院最引以为傲的博士毕业生。他的照片、他的学习档案如今都陈列在大学校史馆中。老部长王涛博士成为后来的留学生引以为豪的学习榜样。

2012 年，吉玛夫人也走完了自己不平凡的一生，享年 88 岁。老人家走时，我们都没能在身边，这是我们最大的遗憾。

2019 年，我有幸被公司派往莫斯科工作，我又从另外一位朋友手中接过了照顾退休教授米拉（米拉教授的爸爸是中国人，妈妈是俄罗斯人，中国改革开放后也曾到国内讲学，我的这位朋友在留学俄罗斯期间在米拉家常住过）的任务。我还要将中俄人民友谊的美好篇章继续书写下去。

尹相庆和唐春梅学成后回国，报效祖国。他们有幸参与了中国石油中亚俄罗斯地区油气合作项目。中国石油中亚俄罗斯地区油气合作经过艰苦创业，业务从无到有、从小到大，实现了跨越式的发展。中国石油与俄罗斯、中亚国家的油气合作作为国家"一带一路"倡议的先行实践，受到中国、俄罗斯、哈萨克斯坦、土库曼斯坦、乌兹别克斯坦等国领导人的高度评价。尹相庆现在哈萨克斯坦阿拉木图工作，现是中亚公司中油国际（哈萨克斯坦）PK 公司副总经理、Petrosun 公司总经理兼中油国际中亚公司销售总监；唐春梅现在俄罗斯莫斯科工作，是中油国际俄罗斯公司综合管理部总负责人，同成千上万爱国的海外学子一样，为保障国家能源安全和集团公司建设一流综合性国际能源公司而努力工作，默默地奉献着。相信吉玛教授知道他的学生，他的忘年朋友，遵循他的教诲，认真工作认真做人，为中亚中俄友好事业而努力奋斗，教授在天之灵一定会觉得非常欣慰。

后 记

为进一步落实立德树人根本任务，给新时代青年提供丰富的精神食粮，作为学校思政教育的载体，我们组织了《石油老照片》编写工作。

在组织编写《石油老照片》工作中，我们深刻认识到，石油人在长期的革命和建设实践中形成了"埋头苦干""有条件要上，没有条件创造条件也要上""我为祖国献石油""头戴铝盔走天涯""哪里有石油，哪里就是我的家""到祖国最需要的地方去"这些文化特质，已经成为石油精神和大庆精神铁人精神的生动表现。我们通过《石油老照片》这一读本，讲述石油老照片背后的故事，为大学生思想政治教育提供丰富且生动的教材。

本书分珍藏篇、人物篇、会战篇、创业篇、家族篇、情感篇，在延续原来风格的基础上，增加了珍藏篇等内容，主要反映党和国家领导人对石油工业的关怀和鼓励。在其他的篇章中，紧紧围绕"家国情怀"主题，生动形象讲述照片背后的故事，反映石油人爱国心、强国志、报国行、家国情。文章重点突出，围绕照片，以图引文，挖掘老照片形成的来龙去脉，讲述人物命运及情感，注重生动细节、真实情境表达，展示老照片产生的时代背景以及对我们今天的影响与启示。

在许多老领导、老会战、老专家的热情鼓励和支持下，编写团队团结一心，怀着对这项事业的满腔情怀，全身心地投入到这项艰巨的工作之中。

本书在编写过程中得到中国石油天然气集团有限公司离退休职工管理中心（老干部局）、新疆油田公司（离退休职工管理中心）等单位的大力支持和帮助。原塔里木石油勘探开发指挥部常务副指挥王炳诚，原中国石油天然气总公司科技局局长蒋其垲等老石油人亲自撰写书稿，提供资料。杨理衡、姚治晓等老同志在采访和写作过程中给予帮助和支持，邵冰华、孟楚楚、汤静等编辑设计团队，为本书的编辑出版付出辛勤劳动。在此向他们致以最崇高的敬意和衷心的感谢！

由于编纂人员水平有限，难免存在疏漏和不足，敬请广大读者批评指正。

2025 年 4 月